中国旅游发展年度报告书系
Annual Development Report of China's Tourism

中国旅游住宿业发展报告2016
——度假租赁的兴起

DEVELOPMENT REPORT OF CHINA'S LODGING INDUSTRY 2016
—The Rise of Vacation Rental

中国旅游研究院

北京·旅游教育出版社

责任编辑:郭珍宏

图书在版编目(CIP)数据

中国旅游住宿业发展报告. 2016，度假租赁的兴起／中国旅游研究院著. --北京：旅游教育出版社，2016.6

ISBN 978-7-5637-3430-6

Ⅰ.①中… Ⅱ.①中… Ⅲ.①旅馆—服务业—经济发展—研究报告—中国—2016 Ⅳ.①F719.2

中国版本图书馆CIP数据核字（2016）第150700号

中国旅游住宿业发展报告2016
——度假租赁的兴起

中国旅游研究院 著

出版单位	旅游教育出版社
地　　址	北京市朝阳区定福庄南里1号
邮　　编	100024
发行电话	（010）65778403 65728372 65767462（传真）
本社网址	www.tepcb.com
E-mail	tepfx@163.com
排版单位	北京旅教文化传播有限公司
印刷单位	北京中科印刷有限公司
经销单位	新华书店
开　　本	787毫米×1092毫米 1/16
印　　张	9.875
字　　数	126千字
版　　次	2016年6月第1版
印　　次	2016年6月第1次印刷
定　　价	59.00元

（图书如有装订差错请与发行部联系）

《中国旅游住宿业发展报告 2016》编辑委员会

主任委员　戴　斌
编　　委　（按姓氏音序排列）
　　　　　戴　斌　李仲广　蒋依依　马晓龙　马仪亮　宋子千
　　　　　唐晓云　夏少颜

《中国旅游住宿业发展报告 2016》编辑部

主　　编　李仲广　杨宏浩
副 主 编　苏　娜
编辑部成员　宋子千　唐晓云　陈　刚　郑维佳　张　杨
　　　　　　战冬梅　何琼峰　吴丽云　肖建勇

大众旅游时代，住宿业如何共享

——在途家 2016 战略发布会上的主旨演讲

以市场效率为导向推进创业创新

李克强总理在 2016 年全国人民代表大会上所做的工作报告，使得"大众旅游"这一学术名词成为了社会显话题，并引发了政产学研各界和媒体的解读热潮。从十多年前"国民旅游"切换到"大众旅游"，并试图以此为基础重构当代旅游发展理论的那时起，我对大众旅游的理解都是从需求侧审视的：一方面是旅游消费需求进入了国民大众的常态化生活选项，2015 年国民出游率已接近 3 次，"吃有肉，住有楼，还有闲钱去旅游"，对于绝大多数人来说已经不再是梦想；另一方面是游客以自主、自助和散客化的姿态融入目的地城乡居民的日常生活。每年 40 多亿的国内旅游人次，超过 97% 都是非团队旅游者。旅行经验越来越丰富的游客不再满足于标准化的旅游产品和程序化的消费流程，他们希望自由地体验目的地的生活方式。旅游休闲需求的变迁呼唤住宿供给的多样性，也推动了生活场景化为代表的住宿空间和产品的创新。

对新需求的满足可以通过增加要素投入，向市场上投放新的产品和服务来实现，当然也可以通过对存量资源的有效利用，或者改变资源的原有用途加以实现。从全球范围内的商业创新实践来看，产品原创固然重要，可以说是建设强大的旅游产业的引擎，但是通过商业创新让市场变得更有效率则更为普遍。就我国旅游产业的阶段需求来看，放手发动社会和民间的商业力量，以市场效率为导向推进创业创新，无疑有着更为明显的现实意义。

共享经济在旅游领域中的现实可能

公民有权支配包括房屋在内的自有财产。这里所说的自有财产，可以是自己使用的生活资料，也可以是通过市场交易的生产资料，还可以是自己所拥有的自然禀赋、专业能力和社会阅历。在入境旅游主导的时代，无论是酒店等供应商，还是旅行社等渠道商，如果想要成为市场主体，得是以有形资产为基础的企业法人。国民旅游兴起以后，政府对社会资本进入旅游业的管制更加宽松，但是主流的思想还是法人实体机构为主导。直到新一届政府确定了大众创业、万众创新的供给侧改革思路和相关法律法规的改进，自然人才有可能利用可自由支配的有形和无形财产而成为有效供给的市场主体的一员。

套用经典著作《资本论》中的一句话，共享生来不是旅游，但是旅游生来就是共享。以旅游住宿业为例，在居民的日常生活消费需求的基础上，叠加了外来游客的阶段性需求后，以房屋为代表的不动产市场的消费基础变得更厚实了，也有利于平衡旅游市场的淡旺季带给旅游住宿业的经营波动。而以星级饭店和国有酒店为代表的巨大资产存量，加上等待进入市场的中端和精品酒店增量，在带来"去库存"的供给侧改革压力的同时，也为共享经济在旅游领域中的实现提供了现实可能。

当然，这并不是一个单向前行的直线演化，我们看到无论是线上旅行商、网上购物平台，还是网络约车平台，所有对社会存量资源的有效利用，不管它是不是符合帕累托改进，都会遇到传统市场主体和既有监管体系强有力的阻击。在这一背景下，以途家为代表的共享经济和商业创新模式，无疑具有十分明显的样本意义。

途家，供给侧改革与商业创新的旅业样本

在我的印象中，罗军先生的"途家号"是一家有思想、讲逻辑，有视野、讲格局，有能力、讲义气，有团队、讲共享的新公司。如果把"四有四讲"逐一展开了说，材料和数据倒是足够支撑的，却容易被误解为政策宣讲课，那么就聊聊思想和逻辑吧。

途家是有思想的。大众旅游时代的企业家除了为股东创造利润，为公司创造价值外，应当也可以形成与时俱进的商业思想。从创业的那一天起，途家就承载开放与共享的发展理念，致力于为大众旅游者提供多样化的住宿选择，为私人拥有的房产提供了商业转换的现实路径。对于成长型的创业公司来说，它在致力于市场规模推广的同时，也努力为年轻人，特别是二三线城市的年轻人创造就业的机会，从而为成千上万家庭的财富自由及社会阶层流动提供了更多的现实可能。

途家是讲逻辑的。从有效利用住宿资源的社会存量，满足大众旅游者多样化的个性需求这一逻辑原点出发，罗军先生带领他的"途家号"一路向前。当大家一开始以为这不过是 Airbnb 在中国的模仿者时，途家走出了一条"线上销售平台+线下统一运营管理"的新模式；当业界觉得它成长得确实很快，有可能被上千万独立业主的地面推广费用拖垮的时候，途家牵手 80% 的全国百强房地产开发商和城市运营商开展合作，直接参与了相关项目的前期运作；当有人担心它可能遇到法律障碍，无法与既有管制体系有效兼容的时候，它创造出了独立注册的区域公司去调动地方政府的积极性，让社区居民共享旅游发展的成果。特别是，当我们都以为今天被世界各大投资者追着跑的创业者该停下来喘喘气，享受享受美好人生了，罗军先生和他的小伙伴为我们带来了描绘未来宏图的《预见》。

呼唤更多的旅游供给侧创新

在大众旅游时代，面对数十亿大众旅游者的住宿需求，面对数亿间有待盘活的住宿资源，哪怕我们有再强大的数据处理能力，有再强大的行政动员能力，也没有办法确保如此量级的计算过程的准确性和计划性。怎么办？只有发自内心地从理论上承认"让市场在旅游资源配置中起决定性作用"，在实践中以"功成不必在我"的心态推进市场主体的发育和成长，与大众旅游经济时代相适应的"非标准住宿为主体，标准住宿为补充的产品体系"才能真正建立起来。我们的行政体系是非常有力的，短期内动员社会资源特别是公共资本推进某项事业的效率是非常高的。正是因为对此既有学者的理性认知，又有实践参与者的感性认识，我往往很是纠结于行政支持与商业创新之间的关系。至少在现阶段，离开了行政支持，创业创新往往是走不远的，甚至可能会胎死腹中。然而，行政支持太强了，也会"水漫金山"。效率无法保障不说，还可能产生"投资挤出创业"的不利后果。所谓"大树底下好乘凉，大树底下也不长草"是也。

在开放与共享经济时代，希望以途家为代表的一批旅游创业创新先行者，不能只是满足存量资源的盘活，还要肩负起引领生产方式和生活方式创新的历史责任，团结和带领旅游商业共同体在世界经济发展和文明演化进程中发挥更加重要的作用。相对于那些墨守成规者，我们是先知先觉和先行者，可是把视野放宽些，再放长些，会不会有"山中无老虎，猴子称霸王"的感觉呢？罗总，你是有视野、有情怀的多次创业者，我是希望我们这个创业团队有这种意识的。我们必须清醒地认识到：不是自己多么优秀，而是优秀的团队还没有出现。唯有如此，公司才会把更多的商业资源投入面向未来的商业研发和原始创新中去。事实上，刚刚结束的"两会"，对于市场主体的研发创新是寄予厚望，也是做了相应战略部署的。回顾过去十五年旅游住宿领域中的创新进程，无论是聚焦于商业旅行者核心需求的经济型酒店，满足休闲旅游者文化和品质诉求的精品酒店，还是着眼于消费需求升级的中端酒店，可以看到一条清晰的线索，那就是瞄准市场上已经存在，但尚没有被满足的需求。部分新创设的酒店品牌试图去寻找市场上还没有出现的新需求，就像郑南雁的铂涛系、季琦的华住系、朱晖的布丁系那样。

相对于为既有住宿需求提供新产品，相对于寻找和发现新的市场需求，我更期盼基于现代科技应用和商业革命意义的业态创新。一直在想，随着大众旅游向纵深和广化发展，什么时候才能出现具有划时代意义的伟大公司呢？不用对"划时代"这三个字咬文嚼字地伤脑筋，就想想定义现代管理学的福特汽车，推出智能手机的苹果，推出微信的腾讯，研发阿尔法狗的谷歌，制造可回收火箭的Space X等具有世界影响力的公司就可以了。它们的创新一定是脑洞大开的，影响则是"两只老虎打架，结果老鹰掉地上摔死了"的跨界颠覆。近年来，旅游固然已经成为大众创业、万众创新最为活跃的领域，但是总体而言，还主要聚焦于目的地信息收集、票务预订、旅游证件办理等渠道和分销领域，像途家这样着眼于社会资源整合的供给侧创新已经是难得的旅游思想者和创新实践者了。希望更多有知识、有技术、有理想、有情怀的年轻人能够跟上来，为中国和世界的旅游供给侧创新——不仅是改革——带来更多的惊喜和尖叫。

中国旅游研究院院长、教授、博士

目 录
CONTENTS

第一章 旅游业：大众旅游从初级阶段向中高级阶段演化 ·············· 1

 一、国民旅游超过 40 亿人次，入境旅游三年来首次增长 ·············· 2

 二、旅游创业创新活跃，旅游投资进入"黄金时代" ·············· 3

 三、游客满意度持续提升 ·············· 3

 四、2016 年旅游发展面临四大利好，预期积极乐观 ·············· 4

 五、2016 年旅游发展关键词：繁荣、开放、改革、共享 ·············· 5

第二章 当前中国旅游住宿业发展概况 ·············· 7

 第一节 星级饭店业平稳运行 ·············· 8

  一、星级饭店规模 ·············· 8

  二、季度情况 ·············· 10

  三、主要指标情况 ·············· 10

 第二节 广义旅游住宿业增长迅速 ·············· 14

  一、旅游住宿业规模 ·············· 14

  二、住宿预订 ·············· 14

  三、旅游住宿市场消费行为 ·············· 15

  四、投资情况 ·············· 16

 第三节 旅游住宿业总量过剩、结构不平衡 ·············· 16

  一、总量过剩 ·············· 16

  二、结构不平衡 ·············· 17

  三、"互联网+"为酒店行业注入新血液 ·············· 17

第三章　2015年旅游住宿企业分析 ························ 19

第一节　品牌分布情况 ··· 20
第二节　并购浪潮 ··· 22
　一、锦江集团境内外并购活跃 ·································· 22
　二、首旅集团收购如家集团 ······································ 23
　三、复星收购地中海俱乐部 ······································ 24
　四、万达收购悉尼地块建酒店综合体 ························· 24
　五、安邦收购美国华尔道夫酒店 ································ 24
　六、海航集团全球并购活跃 ······································ 25
　七、携程收购艺龙，与去哪儿合并 ····························· 25
　八、酒店集团搭建战略联盟 ······································ 26
　九、其他并购 ·· 26
第三节　消费变迁与业态创新 ····································· 27
　一、消费主体变迁与深度内容体验需求 ······················ 27
　二、业态创新与跨界经营 ··· 28

第四章　行业景气与市场消费调查分析 ················· 31

第一节　2015年旅游住宿业景气分析 ·························· 32
　一、旅游产业总体运行良好 ······································ 32
　二、旅游住宿业 ··· 34
第二节　住宿业消费者调查分析 ································· 36
　一、游客出游时间 ·· 36
　二、住宿消费行为分析 ·· 39
　三、住宿服务质量 ·· 43

第五章　当前旅游住宿业热点领域 ························ 49

第一节　精品酒店发展的软品牌模式 ·························· 50
第二节　中端酒店：协同发展与联盟共赢 ···················· 53

一、中端酒店高速发展的动力 ……………………………………………… 53
　　二、中端酒店个性化、品质化、盈利化的协同发展方向 ………………… 56
　　三、中端酒店品牌的收购 ……………………………………………… 59
　　四、国际中端酒店战略联盟 …………………………………………… 61
第三节　案例分析："睿景"酒店品牌 ……………………………………… 64
　　一、需求导向，跟着消费者走，或者引领消费潮流 ……………………… 64
　　二、为消费者创造价值 ………………………………………………… 65
　　三、选择好的品牌元素 ………………………………………………… 66
　　四、做品牌，更要做产业 ……………………………………………… 67

第六章　分享经济在旅游住宿业（一）：行业概况 ……………………… 69
第一节　度假租赁业的发展模式 …………………………………………… 70
　　一、度假租赁业的商业运营模式 ……………………………………… 70
　　二、住宿业类"淘宝"模式 …………………………………………… 71
　　三、在线C2C服务管理模式 …………………………………………… 76
　　四、类互联网酒店管理公司：途家网 ………………………………… 80
　　五、非标住宿服务生态系统平台 ……………………………………… 83
第二节　度假租赁业在中国 ………………………………………………… 85
　　一、度假租赁发展格局 ………………………………………………… 85
　　二、度假租赁的区域布局 ……………………………………………… 88

第七章　分享经济在旅游住宿业（二）：度假租赁的商业运营管理 …… 93
第一节　组织架构 …………………………………………………………… 94
第二节　人力资本管理 ……………………………………………………… 96
　　一、人才来源 …………………………………………………………… 96
　　二、人才培养 …………………………………………………………… 96
　　三、考核激励 …………………………………………………………… 97

第三节　营销模式（4P） ································· 97
　　一、度假租赁业的产品（Product）设计 ···················· 97
　　二、度假租赁业的渠道（Place）管理 ······················ 98
　　三、度假租赁业的价格（Price）策略 ····················· 100
　　四、度假租赁业的促销（Promotion）策略 ················· 100
第四节　运营绩效 ····································· 101

第八章　旅游住宿业的投资动向、市场创新与产业诉求 ········· 105
第一节　旅游住宿业投资的全球化布局 ··················· 106
　　一、全球化投资的背景 ································ 106
　　二、对外旅游投资的主体 ······························ 107
　　三、对外旅游投资的领域 ······························ 108
　　四、对外旅游投资的发展和变化具有标志性的意义 ·········· 109
　　五、问题和建议 ······································ 110
第二节　旅游住宿业的市场变化与产业诉求 ················ 111
　　一、旅游住宿市场需求的变化 ·························· 111
　　二、旅游住宿产业创新及其政策诉求 ···················· 113

第九章　2016年中国酒店业形势分析与展望 ················ 117
第一节　形势分析 ····································· 118
　　一、近两年酒店业和住宿业格局正在快速变革 ············ 118
　　二、中国酒店品牌正在成为世界性酒店品牌 ·············· 118
第二节　前景展望 ····································· 119
　　一、住宿业形态演化更加多元、更多层次 ················ 119
　　二、酒店和住宿业的规模、贡献和业绩被低估 ············ 121
　　三、品牌塑造：需要精益求精的工匠精神 ················ 122
　　四、"互联网+"战略：重塑酒店产业链 ··················· 123

第三节　旅游住宿产业发展的政策建议 …………………………………… 124
　　一、出台促进旅游住宿业发展的政策 …………………………………… 124
　　二、形成准入和运营并重的监管体系 …………………………………… 125
　　三、行业协会改革遵循市场为主的原则，扩大成员类型和服务范围 ……… 125

附　录 …………………………………………………………………………… 127
　你也可以不一样
　　——在"非标准住宿"研讨会上的主题演讲 ………………… 戴　斌　128
　给我一个酒店，味蕾绽放，梦里花开
　　——在维也纳酒店全球峰会上的主题演讲 …………………… 戴　斌　132
　酒店人的信心从何而来？
　　——在2016年中国酒店投资峰会上的开幕演讲 ……………… 戴　斌　137

后　记 …………………………………………………………………………… 142

第一章

旅游业：大众旅游从初级阶段向中高级阶段演化

近期以来，在全球经济缓慢复苏和国内宏观经济企稳的背景下，我国旅游经济顶住下行压力，旅游市场"两升一降"，旅游投资继续快速增长，旅游产业运行较为景气，旅游发展向大众旅游中高级阶段演化的趋势更为明显。主要表现为：一是经济发展基本面总体向好；二是保障和改善民生、提振内需政策持续发酵；三是旅游政策法规体系更加完善，旅游综合执法和市场秩序治理力度进一步加强；四是旅游消费意愿进一步增强；五是地方和企业旅游发展热情高涨。

在中央重视和国家旅游局"515"战略等推动下，2015年中国旅游经济发展光彩夺目。在国内经济面临结构调整和增速放缓压力的背景下，旅游业对消费和投资所起到的重要战略性作用更加突出。2015年全年接待国内外旅游人数超过41亿人次，旅游总收入突破4万亿元，分别较上年同比增长10%和12%，全面完成发展目标，实现了"十二五"时期旅游发展的完美收官，并开启了旅游发展的新时代。报告指出，在国内经济基本面稳健和旅游消费常态化的支撑下，当前旅游经济处于持续较快发展的通道，对2016年旅游经济的预期总体上偏向于积极乐观，预计国内旅游持续增长，出境旅游快速发展，入境旅游企稳回暖，旅游投资维持高位，旅游就业稳步增加。

一、国民旅游超过40亿人次，入境旅游三年来首次增长

2015年以来，旅游消费热潮不断，形成了暑期修学游和亲子游、周末周边游、小长假短程游、国庆长假中远程旅游等市场热点。2015年全年国内旅游接待总量达到40亿人次，国内旅游总收入3.43万亿元，分别较上一年增长10.0%和13.2%。休闲度假和观光旅游并重的局面初步显现，国内居民出游意愿调查结果显示，休闲、度假超过观光、增长见识成为第一大出游目的。入境旅游在近三年来首次出现增长，全年接待入境旅游1.33亿人次，较上一年增长4%，入境旅游外汇收入1175.7亿美

元,同比增长0.6%。港澳台市场保持稳定增长,国外市场企稳,其中韩国、越南等近程国外市场率先回升向好。出境旅游继续保持高速增长,但增速有所放缓。全年出境旅游人数达1.17亿人次,同比增长9.8%;出境游消费达1045亿美元,同比增长16.6%。

二、旅游创业创新活跃,旅游投资进入"黄金时代"

自2014年第四季度以来,旅游产业景气指数均处于"较为景气"区间,其中2015年第一季度指数为130.8,达到近三年以来最高水平。在人才、资本和技术新型变革要素的驱动下,旅游正在成为创业创新最为活跃的领域之一,呈现出"大众创业,万众创新"的蓬勃景象。大企业集团不断推出抢占制高点的重大计划,如中青旅发布"遨游网+"战略、阿里巴巴发布"未来酒店"战略、携程入股同程网等。成长型企业致力于新的突破,如旅游社交网站蚂蜂窝宣布实施大数据反向C2B创新战略、途牛网在美国上市等。基于互联网和分享经济模式的业态创新发展迅速,如住宿和交通领域的途家、易到用车、Uber专车等均在2015年得到了快速发展。旅游企业全球化布局步伐加快,如锦江集团通过海内外一系列并购包括并购欧洲最大的经济型酒店集团,目前已经成为全球最大的酒店集团之一。越来越多的战略投资者、金融机构、产业基金和风险投资者开始进入旅游领域,并以其专业能力和商业行为影响产业走向。在线旅游更是成为资本竞相追逐的热点领域,2015年以来发生了携程和去哪儿合并、滴滴和快的合并、美团和大众点评合并等多个对我国旅游产业影响深远的重大企业并购事件。

三、游客满意度持续提升

2015年,围绕"515战略",国家旅游局推出了一系列创新举措,如推动"厕所革命"、发布《游客旅游不文明行为记录管理办法》、实施5A景区退出机制、启动国家级旅游度假区评选工作、推进旅游外交、提出"旅游+"战略思想、推广全域旅游等,得到了全行业的热烈响应和支持,赢得了全社会的广泛关注和赞誉。从

2015 年旅游经济运行情况来看,"515 战略"已经显现出其对旅游改革、创新和发展的巨大推动效应。特别是在"厕所革命"等推动下,各地旅游目的地建设水平有了明显提高,反映在游客体验上,旅游发展质量获得普遍认可,2015 年全国游客满意度为 76.01,达到"基本满意"水平,较 2014 年上升 1.92,高于全国居民消费满意度平均水平。

四、2016 年旅游发展面临四大利好,预期积极乐观

2016 年旅游经济发展形势总体较为有利。一是旅游经济发展的国际环境较为缓和。特别是 2016 年 10 月 1 日,人民币将正式加入 SDR(特别提款权),这有利于中国旅游业"走出去",利用国际国内两个市场、两种资源提升企业竞争力。二是我国经济长期向好基本面没有变,特别是到 2020 年国内生产总值和城乡居民人均收入将比 2010 年翻一番,我国旅游经济发展的消费基础更加坚实。三是全面建成小康社会和五大发展理念为旅游经济快速发展提供了契机。旅游是人民生活水平提高的重要指标,旅游业是能够全面贯彻创新、协调、绿色、开放、共享五大发展理念的优势产业,党的十八届五中全会通过的《中共中央关于制定国民经济和社会发展第十三个五年规划的建议》明确提出"大力发展旅游业"。四是旅游业自身积累了强大动能。国民参加旅游意愿持续高涨,旅游产业体系基本形成,旅游投资、区域合作和国际合作持续扩大与深化,将为旅游经济运行提供坚实的市场支撑和产业支撑。旅游经济在一定程度上已经进入自发展的成熟阶段,对于外部环境的依赖性和敏感性在降低。与此同时,旅游经济发展也面临国际金融危机深层次影响依然存在、贸易保护主义抬头、地区冲突不断、旅游业竞争加剧以及旅游业自身发展需要提质增效等挑战。

综合国内外发展环境和旅游业发展态势,对 2016 年旅游经济的预期总体上偏向于积极乐观。预计 2016 年我国旅游接待总量 44.88 亿人次,同比增长 9.4%;国民出游总量 44.83 亿人次,同比增长 9.6%;旅游总收入达 4.67 万亿元,同比增长 12%。

五、2016年旅游发展关键词：繁荣、开放、改革、共享

2016年是"十三五"的开局之年，谋划好2016年的旅游工作对"十三五"旅游业发展具有重要意义。旅游行业要贯彻落实十八届五中全会精神，瞄准全面小康型旅游和世界旅游强国两大目标，全力推进旅游业"515"战略。《2015年中国旅游经济运行分析和2016年发展预测》提出五条建议：一是培育消费热点，扩大旅游消费；二是推动创业创新，提升产业竞争力；三是落实政策法规，营造良好发展环境；四是加强国际合作，推进旅游外交；五是深入实施"旅游+"战略，促进共享发展。

第二章
当前中国旅游住宿业发展概况

在消费需求的推动下，旅游住宿业态不断拓展，形成了目前广义旅游住宿的格局。在资本、技术、创业等力量的推动下，旅游住宿业自发成长，自主创新，并不断实现自主调整。为进一步转型升级、调整创新，旅游住宿企业在营造公平透明商业环境、获取权威的行业统计数据等方面有着较为广泛的产业诉求。鉴于旅游住宿产业的调整和创新是以产业自主摸索为主，政府主管部门要防止在新的历史时期，政府对行业领导力的弱化，协会对成员影响力的边缘化。为此，必须将行业指导对象扩大到旅游住宿业范畴，在此基础上进行产业政策调整和监管服务创新。

第一节　星级饭店业平稳运行

根据2016年9月发布的全国星级饭店统计公报，2015年我国星级饭店总体平稳运行，尽管星级饭店数量有所减少，但在面向大众市场的星级饭店带动下，全行业出租率、平均房价等均有所上升。

一、星级饭店规模

根据全国星级饭店统计公报，2015年底国家旅游局星级饭店统计管理系统中有12 776家星级饭店，比2014年底的12 803家有所减少。

根据2015年中国旅游业统计公报，2015年末，全国纳入星级饭店统计管理系统的星级饭店有10 550家完成了2015年财务状况表的填报，并通过省级旅游行政管理部门审核（见表2-1）。

——全国10 550家星级饭店，拥有客房146.3万间，床位259.4万张；拥有固定资产原值5461.3亿元；实现营业收入总额2106.75亿元；上缴营业税金204.91亿元。

表 2-1　2015 年度全国星级饭店基本指标统计表

指标	单位	五星级	四星级	三星级	二星级	一星级	合计
营业收入总额	亿元	766.75	722.26	521.27	96.11	2.36	2106.75
客房占营业收入比重	%	46.36	43.33	42.23	48.25	40.68	44.38
餐饮占营业收入比重	%	41.18	40.78	43.02	37.09	34.55	41.31
固定资产原值	亿元	1998.66	1842.16	1414.37	203.42	2.68	5461.30
利润总额	亿元	19.02	-32.74	-4.55	3.47	0.54	-14.26
实缴税金	亿元	62.59	67.95	64.01	9.76	0.60	204.91
从业人员年均数	万人	30.74	46.20	48.06	9.26	0.19	134.45
大专以上学历人数	万人	8.13	8.76	7.58	1.15	0.03	25.64

——在 10 550 家星级饭店中，五星级饭店 789 家，四星级饭店 2375 家，三星级饭店 5098 家，二星级饭店 2197 家，一星级饭店 91 家（见表 2-2）。

表 2-2　2015 年度全国星级饭店规模结构情况

指标	单位	五星级	四星级	三星级	二星级	一星级	合计
饭店数量	家	789	2375	5098	2197	91	10 550
客房数	万间/套	26.91	47.06	57.15	14.69	0.44	146.25
床位数	万张	39.88	79.00	105.70	34.01	0.77	259.36

——全国 2426 家国有星级饭店，2015 年共实现营业收入 503.4 亿元，上缴营业税 27.4 亿元。

——全国外商和港澳台投资兴建的 383 家星级饭店，全年共实现营业收入 203.1 亿元，上缴营业税 11.3 亿元（见表 2-3）。

表 2-3　2015 年度全国星级饭店登记注册类型情况

单位：家

登记注册类型	五星级	四星级	三星级	二星级	一星级	合计	所占比例（%）
国有	141	565	1189	513	18	2426	23.00
集体	8	38	174	108	3	331	3.14

续表

登记注册类型	五星级	四星级	三星级	二星级	一星级	合计	所占比例（%）
港澳台投资	57	68	52	3	0	180	1.71
外商投资	75	61	56	10	1	203	1.92
其他	508	1643	3627	1563	69	7410	70.24

二、季度情况

根据全国星级饭店统计公报，第一季度全国 11 369 家星级饭店的营业收入合计 491.68 亿元，其中餐饮收入为 222.53 亿元，占营业收入的 45.26%；客房收入为 207.05 亿元，占营业收入的 42.11%。第二季度全国 11 282 家星级饭店的营业收入合计 514.11 亿元，其中餐饮收入为 209.81 亿元，占营业收入的 40.81%；客房收入为 241.17 亿元，占营业收入的 46.91%。第三季度全国 11 073 家星级饭店的营业收入合计 529.22 亿元，其中餐饮收入为 208.41 亿元，占营业收入的 39.38%；客房收入为 253.81 亿元，占营业收入的 47.96%。第四季度全国 10 956 家星级饭店的营业收入合计 577.77 亿元，其中餐饮收入为 243.70 亿元，占营业收入的 42.18%；客房收入为 250.87 亿元，占营业收入的 43.42%。

三、主要指标情况

2015 年全国星级饭店主要指标如表 2-4 所示。

表 2-4 2015 年度全国星级饭店主要指标统计表

指标	单位	五星级	四星级	三星级	二星级	一星级	合计
全员劳动生产率	千元/人	249.47	155.89	108.45	103.83	123.47	156.69
人均实现利润	千元/人	6.19	-7.09	-0.95	3.75	28.11	-1.06
人均利税	千元/人	20.37	14.71	13.32	10.54	31.38	15.24
人均占用固定资产原值	千元/人	650.27	398.72	294.27	219.75	140.16	406.19

续表

指标	单位	五星级	四星级	三星级	二星级	一星级	合计
百元固定资产创营业收入	元	38.36	39.10	36.85	47.25	88.09	38.58
平均房价	元	655.66	339.98	212.73	168.47	132.76	336.65
平均出租率	%	56.41	55.28	52.65	52.58	49.26	54.19
每间可供出租客房收入	元/间夜	369.84	187.95	112.00	88.59	65.40	182.43
每间客房平摊营业收入	千元/间	284.91	153.05	91.21	65.43	54.20	144.06

（一）平均客房出租率

根据2015年中国旅游业统计公报，从出租率的表现来看，星级饭店全年平均出租率54.2%，其中，暑期和秋季期间的出租率较高。从增长率看，2015年各季度客房出租率有增有减，全年则比2014年的54%略有上升（见图2-1）。

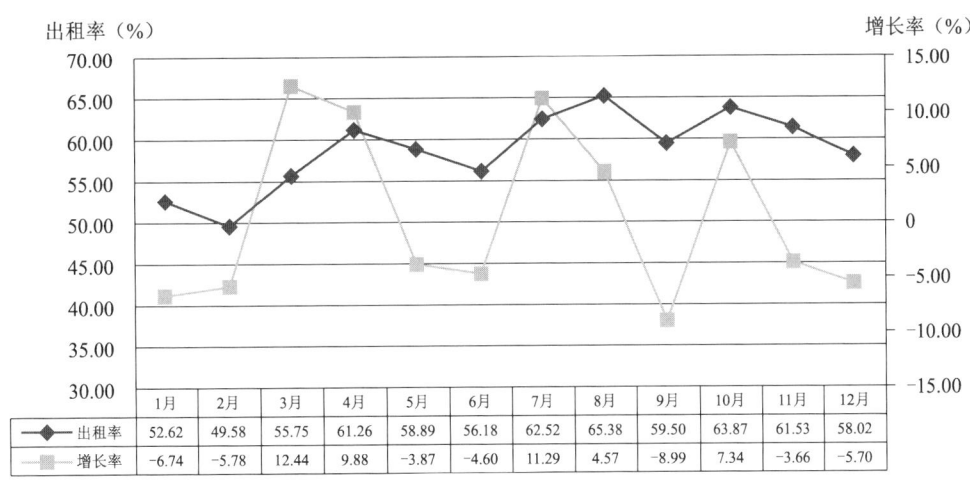

图2-1　2015年星级饭店平均客房出租率

（二）平均房价

从平均房价的表现来看，2015年底，填报财务数据的星级饭店全年平均房价为371元（见图2-2）。而最终纳入中国旅游统计公报的星级饭店，全年平均房价为336.65元（见表2-4）。

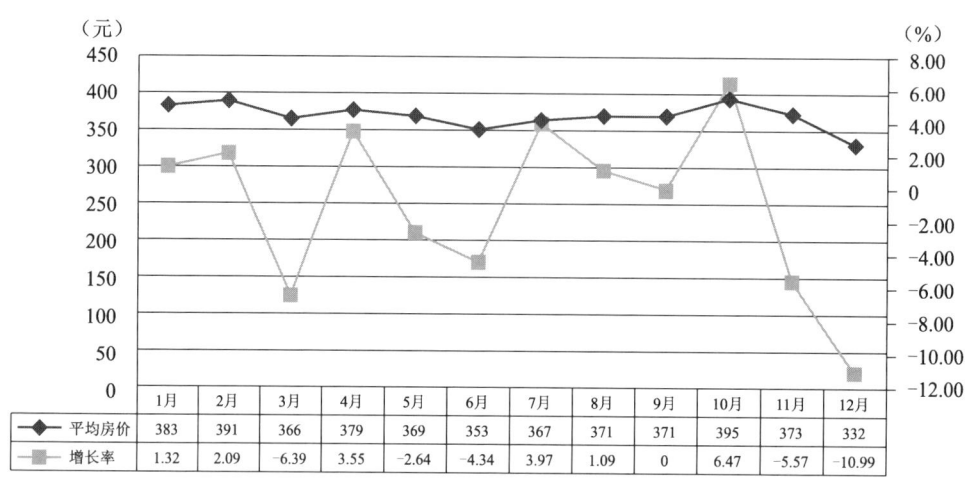

图 2-2　2015 年星级饭店平均房价

（三）高星级饭店经营状况相对不佳

高星级饭店的人均利税、百元固定资产创收、平均房价、客户收入等增长相对缓慢或有所下降（见表 2-5）。

表 2-5　2015 年度全国星级饭店主要指标与上年同比情况

单位：%

指标	五星级	四星级	三星级	二星级	一星级	合计
全员劳动生产率	1.60	-0.33	-3.92	-5.47	27.45	-0.82
人均利税	1.90	12.46	55.79	7.66	231.36	18.97
人均占用固定资产原值	6.92	3.89	26.74	12.48	-43.87	10.41
百元固定资产创营业收入	-4.98	-4.05	-24.19	-15.96	127.04	-10.17
平均房价	-3.40	-4.19	-0.41	4.71	24.37	0.55
平均出租率	1.41	1.28	-0.35	-0.42	0.26	0.19
每间可供出租客房收入	-1.66	-3.27	-2.09	3.39	23.98	0.52
每间客房平摊营业收入	-2.85	-1.95	-0.97	5.29	43.01	0.30

（四）饭店经营状况与当地经济发展水平相关

通过对比星级饭店主要指标排名统计表与 GDP 排名统计表，可以看出，我国经济发展水平（GDP）较高的地区，饭店平均房价、平均出租率、每间可供出租客房收入以及人均实现利润等指标均较高（见表 2-6、表 2-7）。此外，旅游地区如海南、云南等地，饭店经营状况也较好。

表 2-6　2015 年度全国星级饭店主要指标排名前十名统计

地区	平均房价（元/间夜）	地区	平均出租率（％）	地区	每间可供出租客房收入（元/间夜）	地区	每间客房平摊营业收入（千元/间）	地区	全员劳动生产率（千元/人）	地区	人均实现利润（千元/人）
上海	684.84	上海	65.80	上海	450.64	上海	322.50	上海	356.88	上海	41.85
北京	513.12	湖南	63.86	北京	315.17	北京	258.36	北京	273.26	广东	19.97
海南	498.76	北京	61.42	海南	280.43	浙江	191.98	海南	204.20	海南	10.96
天津	398.37	兵团	58.76	广东	216.77	江苏	190.04	浙江	203.90	北京	7.54
广东	396.69	江苏	58.09	福建	203.62	广东	171.62	江苏	195.56	青海	2.02
浙江	366.59	福建	57.86	天津	203.54	海南	170.93	天津	179.42	江西	0.88
福建	351.93	四川	56.76	浙江	201.45	福建	162.23	福建	161.04	甘肃	0.71
江苏	338.79	陕西	56.75	江苏	196.79	重庆	147.59	广东	159.49	云南	0.22
重庆	331.97	海南	56.22	重庆	185.81	天津	147.53	重庆	150.62	贵州	-0.15
四川	325.90	重庆	55.97	四川	185.00	山东	133.83	辽宁	145.40	福建	-1.71

表 2-7　2015 年我国各地区 GDP 排名前十五名统计（较 2014 年）

	GDP总量（亿元）	位次变化	GDP增速（％）	增速变化
1 广东	72 812.6		8	加快
2 江苏	70 116.4		8.50	放缓
3 山东	63 002.3		8	放缓
4 浙江	42 886		8	加快
5 河南	37 010.3		8.30	放缓
6 四川	30 103.1	↑2	7.90	放缓
7 河北	29 806.1	↓1	6.80	加快
8 湖北	29 550.2	↑1	8.90	放缓
9 湖南	29 047.2	↑1	8.60	放缓
10 辽宁	28 700	↓3	3.00	放缓
11 福建	25 979.8		9	放缓
12 上海	24 965		6.90	放缓
13 北京	22 968.6		6.90	放缓
14 安徽	22 005.6		8.70	放缓
15 陕西	18 171.9	↑1	8	放缓

第二节　广义旅游住宿业增长迅速

一、旅游住宿业规模

住宿是旅游消费的重要环节，住宿业也是旅游产业的重要支柱。住宿业投资经过约10年的高速增长，近几年增速放缓，2014年住宿业固定资产投资为4575.52亿元，2015年应为个位数的增长。该统计不包括迅速成长的民宿客栈投资。上规模的住宿机构2008年为5.6万家，根据此后住宿机构年度增长率统计测算，到2015年住宿机构数量为9万多家。星级饭店近年来规模较为稳定，2015年有1.24万家，上报数据的1.06万家星级饭店固定资产原值达到5461.3亿元，营业收入2106.7亿元，五星级饭店盈利19亿元，但星级饭店行业总体亏损14亿元。就广义住宿业而言，固定资产应在万亿元以上，年营业收入近4000亿元。根据STR统计，2015年全球将新增酒店2400家，客房供应量增加542 207间。其中中国的新增酒店最多，达到460家，占总量的19%，提供客房14.1万间，这两个数据都远高于其他国家和地区。

二、住宿预订

根据交通运输部数据，调整后的2015年我国长途客运量为221.5亿人次，其中铁路25.3亿人次，公路189.0亿人次，水运2.7亿人次，民航4.4亿人次，同比分别增长0.5%、10.0%、-0.9%、3.1%和11.1%。

根据中国互联网络信息中心的数据，截至2015年12月，在网上预订过酒店或旅游度假产品的网民规模达到2.60亿，比上年增加3782万人，同比增长17.1%。其中，通过手机预订机票、酒店、火车票或旅游度假产品的网民规模达2.10亿，比上年增加7569万人，同比增长56.4%。

随着线上旅游预订网民规模的不断扩大，在线旅游交易额不断增加。按照在线旅游交易的主要业务构成，在线旅游业交易大致可分为机票预订、住宿预订、旅游度假预订三个部分。根据劲旅咨询的统计数据，2015年旅游市场总交易额约为41 300亿元，其中，机票总交易额为4473亿元，其在线交易额占比达76.6%（后面简称"在线渗透率"），较上年的59.2%高出17.4个百分点；住宿总交易额3137.2亿元，其中在线住宿预订市场交易规模达1141亿元，在线渗透率为36.4%，较上年的27.3%高出9.1个百分点（见图2-3）；旅游度假市场总交易额3174亿元，在线渗透率20.1%，较上年的13.1%增长约7个百分点。

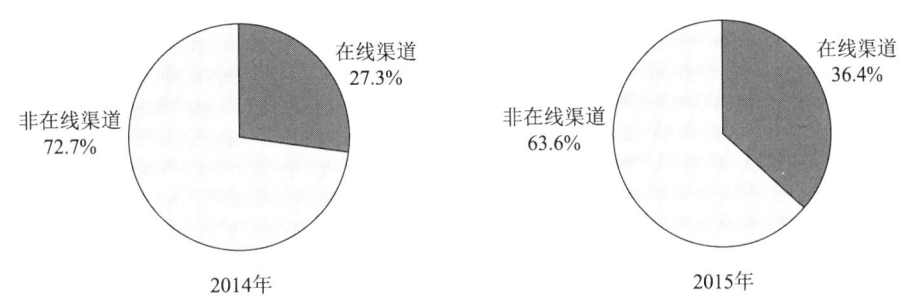

图2-3　中国旅游住宿预订市场规模

资料来源：劲旅咨询。

三、旅游住宿市场消费行为

根据《旅游抽样调查资料2015》，2014年入境过夜游客对住宿单位的选择是：选择宾馆饭店的人天数占其总人天数的66.2%，比上年增加了16.1个百分点；选择公寓住宿的人天数占8.3%，比上年下降7.8%；在私人住所住宿的人天数占17.4%，比上年下降了10.5个百分点。此外，还有8.1%的入境过夜游客在车船或招待所等旅游住宿单位中住宿。团队游客选择宾馆饭店住宿的比例（89.4%）远高于散客（59.5%），而散客选择公寓和私人住所住宿的比例（31.6%）远高于团体游客（4.8%）。

入境过夜游客人均天花费构成中，住宿占13.3%，其中团体游客为10%，散客为14.4%。国内城镇过夜游散客的花费构成情况是：交通费占33.9%，住宿费占18.8%，餐饮费占23.8%，购物费占15.3%，景区游览费占5.8%，其他费用占2.4%。农村居民过夜游散客的花费构成情况是：交通费占31.2%，住宿费占14.6%，餐饮费占25.5%，购物费占22.0%，景区游览费占4.6%，其他费用占2.1%。

四、投资情况

据统计，2015年1—12月，我国住宿和餐饮业完成投资6504.2亿元，同比增长5.1%。其中，利用外资项目611个，占比2.3%，实际利用外资4.3亿美元，占比0.3%。

第三节　旅游住宿业总量过剩、结构不平衡

一、总量过剩

2014年我国国内接待游客36亿人次，2015年超过40亿人次。面对庞大的游客市场，旅游酒店的承载能力也迎来新的考验。

目前，我国旅游业进入大众化发展阶段，旅游成了老百姓常态化的休闲方式。2014年，我国国内接待游客36亿人次，入境游游客1.28亿人次，出境游游客达到了1.09亿人次。2015年我国游客人数继续增长，其中国内旅游人数突破40亿人次，入境游客达1.5亿人次。

面对庞大的游客市场，我国酒店从总量上说是足够接待这几十亿游客的。目前我国的星级酒店大约有14 000家，同时还有32万家住宿机构（如如家、汉庭等快捷酒店），以及150万家乡村旅游接待场所（如民宿、农家乐等）。从这些数字来看，我国酒店接待数量如此庞大的游客并不成问题。

二、结构不平衡

然而，数量满足后是不是代表"承载力充足"？结构问题也是制约酒店接待能力的重要因素。从时间上来看，我国带薪休假制度还不够完善，人们尚不能灵活地调配自己的假期，出游往往会集中在一个特定的时间点上，这也就使游客对酒店的需求在特定的时间达到一个特定的峰值。酒店自身的特性，决定了它的供应量无论在什么时候都保持不变，不会随着入住人数的增多而增多，这就对酒店的承载接待造成了影响。从空间上来看，我国有近60%的游客来源于东部沿海地区以及四大城市群，这就可能在广大中西部地区造成高端酒店吃不饱，经济型酒店不够吃的局面。除此之外，在酒店的类型结构上，高端酒店超速扩容造成供给过剩，再加上我国入境游下滑、国内高端旅游没有起色、地方对旅游发展存在观念误区（发展旅游就要建酒店）等问题，都使我国的酒店行业呈现出一种总量过剩、结构不均衡的状况。

三、"互联网+"为酒店行业注入新血液

自政府工作报告出台后，"互联网+"就成了各行各业转型变革的热词。对此，酒店行业也将在这一时代寻求新的突破，迎来移动互联网时代的技术革新和产品较量。各大酒店品牌在移动互联网领域显示出了暗自较劲的趋势。街町去年抛出了微信开房门的卖点；尚客优也提出打造本地化生活服务营销平台；铂涛旗下新增了IU互联网酒店；华住则重点发力APP，将其定位为综合酒店和旅行消费的服务平台。在"互联网+"时代，酒店销售渠道在变革。随着"互联网+"的到来，游客会更多地参与到酒店建设过程中。对于用户来说，他们关心与自己核心诉求有关的东西，这在今后酒店的产品设计上将会有更多体现。

第三章
2015年旅游住宿企业分析

目前中国酒店业总体上仍处于低谷中。但是，部分城市的酒店已经率先"触底反弹"。酒店经营的上升通道和下降通道，有一大部分取决于各地不一的供求关系。而 2015 年初全球酒店企业股价的下跌，也反映了全球酒店业的供求关系变化。酒店业作为竞争激烈的行业，过去 5 年并没有出色的表现。

全国各地酒店供求关系制约情况不一，有的地区开始控制酒店扩容，有的地区酒店扩容没有节制。6 月 10 日，东莞市控规委员会 2015 年第五次会议上，高埗镇新建五星级酒店的规划以 6 票赞成、7 票反对被市控规委员会否决。部分地区酒店供应没有节制，例如合肥五星级标准酒店在筹是开业的 1.4 倍，五星级标准酒店包括规划共 77 家，其中挂牌 11 家、开业未挂牌 21 家、即将开业 7 家、建设中 19 家、规划中 19 家。但是，合肥五星级酒店每间可供房收入自 2011 年以来的 17 个季度同比 4 升 13 降，最近 4 个季度连续下降。合肥全体星级酒店 2013 年、2014 年连续两年亏损。

2015 年 10 月 20 日，财政部发布《关于调整中央和国家机关差旅住宿费标准等有关问题的通知》，自 2016 年 1 月 1 日起实行。经过调整后，公务员差旅住宿有望成为中高端酒店的市场之一，对市场是利好消息。

伴随着全球经济发展放缓和国内市场变化，2015 年中国酒店业的发展状况及特征体现在以下几个方面。

第一节 品牌分布情况

目前 A 股 31 家餐饮旅游行业上市公司中，实际控制人为国有法人的达 20 家，占比 64.5%，餐饮旅游行业半数以上为国企。随着注册制的逐渐开闸，中国酒店行业的上市门槛大幅降低，为酒店业带来低成本的资金解决方案。国企改革及注册制积极推进，给酒店业经营模式带来很好的优化和改善。

2015年中国连锁酒店高端、中端、经济型品牌规模10强排行榜如表3-1至表3-3所示。

表3-1　2015年中国连锁酒店高端品牌规模10强排行榜

品牌排名	品牌名称	所属集团	客房数（间）	门店数（家）	市场占有率（%）
1	锦江酒店	锦江国际酒店集团	38 000	125	10.49
2	首旅建国	首旅集团	16 832	56	4.65
3	金陵饭店	金陵饭店集团	16 247	59	4.48
4	碧桂园凤凰	碧桂园集团	12 066	40	3.33
5	开元名都	开元酒店集团	10 463	31	2.89
6	华天酒店	华天酒店集团	10 243	38	2.83
7	世纪金源	世纪金源酒店集团	9468	19	2.61
8	阳光酒店	阳光酒店集团	7044	34	1.94
9	万达嘉华	万达集团	6927	23	1.91
10	维景国际	港中旅集团	6650	21	1.84

表3-2　2015年中国连锁酒店中端品牌规模10强排行榜

品牌排名	品牌名称	所属集团	客房数（间）	门店数（家）	市场占有率（%）
1	维也纳	维也纳酒店集团	29 712	178	21.96
2	全季酒店	华住酒店集团	17 052	117	12.60
3	星程酒店	华住酒店集团	6321	55	4.67
4	和颐酒店	首旅集团	6033	41	4.46
5	山水时尚	中青旅控股	5465	41	4.04
6	富驿时尚	富驿酒店集团	4897	45	3.62
7	锦江都城	锦江国际酒店集团	4890	34	3.61
8	南苑e家	南苑集团	4407	49	3.26
9	桔子酒店精选	桔子酒店集团	3195	26	2.36
10	首旅京伦	首旅集团	2603	8	1.92

表 3-3 2015 年中国连锁酒店经济型品牌规模 10 强排行榜

品牌排名	品牌名称	所属集团	客房数（间）	门店数（家）	市场占有率（%）
1	如家酒店	首旅集团	233 518	2135	16.80
2	7 天酒店	铂涛酒店集团	193 529	2085	13.92
3	汉庭酒店	华住酒店集团	172 341	1648	12.40
4	锦江之星	锦江国际酒店集团	102 136	815	7.35
5	格林豪泰	格林豪泰酒店集团	96 759	1087	6.96
6	莫泰酒店	如家酒店集团	53 699	402	3.86
7	城市便捷	东呈酒店集团	23 835	256	1.65
8	尚客优	尚客优酒店	22 791	412	1.64
9	99 旅馆连锁	玖玖旅馆	22 287	387	1.60
10	布丁酒店	杭州住友酒店	21 126	306	1.52

第二节 并购浪潮

2015 年酒店行业的合并和收购事件贯穿始终，不胜枚举。不管是在线旅游市场的一统江湖，还是酒店集团的合并潮，抑或是国内大型多元化旅游集团的海内外全服务链并购举措，都在传递着行业发展的趋势——新常态下，资源覆盖成为酒店业市场变革的重要手段之一，竞争也将从原来主要表现为客源和产品的竞争扩展到资源、渠道、流量以及全服务链的竞争。

一、锦江集团境内外并购活跃

2015 年，锦江股份的跨境与国内并购动作频繁。3 月 1 日上海锦江国际（集团）股份有限公司公告，已经完成有关卢浮集团和全资子公司卢浮酒店集团 100%股权的转让。此次宣布的收购金额为 13 亿欧元，约合 91 亿元人民币，扣除银团贷款合同偿付金额后，支付给交易对方及喜达屋资本的交易款项为9.96亿欧元。卢浮酒店集团是欧洲第二大酒店集团，在40多个国家拥有1100多家酒店，客房总数超过9万间。收购完成后，锦江股份下的连锁酒店突破2000家，客房总数超过23万间，进一步达成锦江国际拓展国际业务的需要，并快速分享中国游客带来的消费增长。

2015年9月18日下午，锦江国际与铂涛集团正式签订战略合作协议，锦江国际旗下上市公司锦江股份同时公布《重大资产购买报告书（草案）》。根据协议，锦江股份将作为投资主体，战略投资铂涛集团81%股权，本次交易标的公司价值超过100亿元人民币。这也标志着国内酒店业积淀最深的锦江国际集团携手铂涛集团，一跃成为首家跻身全球前五的中国酒店集团。交易完成后，锦江合计拥有超过6000家酒店，客房逾64万间，覆盖全球55个国家或地区，以及超过1亿名会员。同时，锦江品牌系列将覆盖高端、中端、经济型不同档次，包含J.HOTEL、锦江、锦江都城、昆仑、岩花园、锦江之星、Campanile、Golden Tulip、和丽枫酒店、喆·啡酒店、7天酒店、IU酒店等知名品牌。

锦江将运用全球最先进的CRS酒店订房系统，做强酒店的线上直销平台，进而打造基于移动互联网技术的全球旅行服务生态圈，推进传统酒店产业商业模式创新。此外，锦江资本还参与了景域文化（驴妈妈）定向增发近5亿元人民币，认购19.8%股权，为锦江传统酒店旅游业务植入OTA商业模式，加快向现代服务业转型升级，目标瞄准"世界前三"。

二、首旅集团收购如家集团

2015年12月7日，首旅酒店发布公告，拟以110.5亿元收购如家酒店集团100%股权，其中支付现金对价约合71.78亿元人民币，获得如家酒店集团65.13%股权，实现如家酒店集团的私有化。并且，公司向首旅集团等8名交易对方发行股份购买其持有如家酒店集团34.87%股权（发行价格15.69元/股），交易金额38.73亿元。

如家酒店集团主营业务为经济连锁型及中档型酒店经营管理，旗下拥有三大经济型连锁酒店品牌（如家酒店、莫泰酒店、云上四季）和两大中高端连锁酒店品牌（和颐酒店、如家精选）。首旅私有化如家后，将形成从高端酒店到经济型酒店的全覆盖，规模优势显现。2016年以来，公司相继收购宁波南苑酒店，转让神州国旅，剥离旅行社业务，借助外延式并购打造国内酒店业巨头的路径逐渐清晰。此次收购如家100%股权，引入携程作为股东，进一步巩固了公司在资源+渠道端的布局。

三、复星收购地中海俱乐部

2015年3月20日，复星联同众信旅游、法国Adrian和地中海俱乐部（Club Med）管理层等战略投资者，通过复星控股的投资平台获得Club Med，以每股24.6欧元的价格（在最初提出的友好收购意向中价格为每股17欧元）将价值9.6亿欧元的地中海俱乐部集团公司收归旗下。收购之后，Club Med将延续"走高档路线"的战略。中国休闲旅游市场处于发展初期，拥有很大的发展潜力，未来几年中国地区客户将成为Club Med的重要增长点。同时凭借Club Med"稳定的忠实客户群和广泛的社会影响力"，复星还可以整合海外市场的高附加值资源。地中海俱乐部是在法国注册的国际度假酒店集团，旗下的度假饭店分布于全球30多个国家的81个度假村。其主要产品包括度假村、城市俱乐部、俱乐部旅馆和别墅。

四、万达收购悉尼地块建酒店综合体

2015年1月23日，万达商业地产（香港）有限公司合营的公司Wanda Onee Sydney PtyLtd收购澳大利亚1Alfred地块和19-31Pitt Street地块，总价为4.88亿澳元（约合31.21亿港元），计划新建酒店综合体。

资料显示，1Alfred位于澳大利亚新南威尔斯悉尼Alfred Street1号，地盘面积约2686平方米，为一幢25层高商业大厦，位于环形码头Alfred Street南端。而19-31 Pitt Street位于新南威尔斯悉尼Pitt Street19至31号，地盘面积约916.5平方米，为一幢14层高商业大厦，毗邻1Alfred，距离悉尼环形码头仅几步之遥。

五、安邦收购美国华尔道夫酒店

2015年2月1日，安邦保险集团宣布以19.5亿美元（约合120亿元人民币）

收购美国纽约华尔道夫酒店大楼,至此二者关于收购的拉锯战终于尘埃落定。华尔道夫酒店隶属于希尔顿集团,曾被希尔顿创始人康拉德·希尔顿称为"绝佳之精品",常年入住率超过90%。

同时,华尔道夫酒店也是每年的联合国大会各国元首下榻的地方。从华尔道夫的角度看,这个曾经写满传奇的85岁的纽约地标建筑,由此揭开了它的新篇章——这家在美国甚至全球拥有特殊地位的酒店,从此贴上了中国企业的标签。

2016年3月,安邦保险以65亿美元购买黑石集团旗下的地产投资信托企业Strategic Hotels & Resorts Inc.。交易完成后,安邦将获得该集团旗下横跨全美的16处顶级奢华酒店,包括位于宾夕法尼亚大道的华盛顿特区四季酒店、旧金山联合广场的威斯汀旧金山酒店以及加州奥兰治县的尼古湖丽思卡尔顿酒店。

六、海航集团全球并购活跃

2016年4月28日,海航旅游集团与卡尔森集团(Carlson Hospitality Group, Inc.)宣布达成协议,海航旅游集团将全盘收购卡尔森酒店集团(Carlson Hotels),以及后者持有的瑞德酒店集团(Rezidor Hotel Group, AB)一半以上的股权。对于协议的收购价格,交易双方均没有披露。此外,海航集团还在海外进行了多项地产、航空、物流领域的并购活动。

七、携程收购艺龙,与去哪儿合并

据2015年5月22日消息,携程战略性收购艺龙37.6%股份,总价约4亿美元。交易完成后,两家公司将继续独立发展。此次携程与另外几家投资方共同参与购买了Expedia所持有的艺龙股份,其他投资方还包括Keystone Lodging Holdings Limited,Plateno Group Limited(这两家为铂涛集团关联公司),以及Luxuriant Holdings Limited。这些公司总共收购艺龙62.4%的股份,总价约6.71亿美元,平均每股ADS 29.27美元。

2015年10月26日晚,携程宣布与去哪儿达成一项股权置换交易。交易完成后,去哪儿将拥有携程普通股可代表约 25%的携程总投票权,携程将拥有约 45%的去哪儿总投票权。"去携联姻",意味着在线旅游行业机票、酒店、门票标品市场份额大局已定,过去疯狂烧钱的模式将告一段落。

八、酒店集团搭建战略联盟

在过去的一年里,受互联网浪潮的冲击以及经济形势的影响,各大酒店纷纷抱团取暖。城市名人、华天、开元、纽宾凯、曙光、粤海六大酒店集团成立"中国酒店联盟",绿地、海航、中兴和泰、亚朵四大集团共组"中国未来酒店联盟"……酒店战略联盟已成为趋势,合作共赢、携手破局将会是酒店行业在互联网时代的突围之策。

九、其他并购

此外,企业投资影响加大,资本推动在线旅游产业重组。2015 年发生了对我国旅游产业影响深远的三个重大企业并购事件:第一是携程、去哪儿合并。在资本方如百度公司等的主导下,在线旅游行业已呈现一家独大的态势。携程和去哪儿合并,是近期中国互联网并购的一个高潮,是中国旅游产业发展史的标志性事件,将产生世界级的旅游企业。其他以机票和酒店为主要业务的互联网企业将受到较大冲击。第二是滴滴、快的合并,性质是出游和出行服务融合。快的打车 CEO 吕传伟承认:"合并是双方的所有投资人共同的强烈期望。"携程和去哪儿等只解决了长途出行,而人们 90%以上的日常出行都集中在城区和市郊,比如上下班、出差去机场、周末逛街等这样的短途出行,国内短途出行市场潜力巨大。2015 年国庆,滴滴巴士新增了旅游专线,方便消费者假期出行,市场行情前所未有的火爆。目前,北京、深圳两城共开通 50 多条旅游专线。除了滴滴巴士外,嘟嘟巴士、嗒嗒巴士等也相继开展周边游业务。互联网巴士进军周边游市场,促使出游和出行进一步融合,或将打破传统的市场格局,使周边游市场重新洗牌。第三是美团、大众点评合并,有力冲击了周边游、中低端酒店、门票等旅游业务。携程旅游集团背后的投资方红杉资本就是美团和大众点评这次合并最大的推动方。2015 年上半年,团购市场中美团占

51.9%的份额，大众点评占29.5%的份额，双方合计市场份额超过80%。美团、大众点评是以本地化消费为主的服务平台，天然具备了切入旅游业的基本条件。一旦发力旅游O2O，将对中国旅游业格局形成巨大的冲击。目前，大众点评和美团的冲击将主要会在国内游、短线旅游和周边游方面。在中低端的酒店订购业务上，美团和大众点评早就开始发力。公开资料显示，2015年上半年美团的酒店间夜量成交量突破3300万，交易额达53亿元，超过去哪儿网，仅次于携程网，成为国内第二大酒店在线交易平台。同时，美团还在布局机票业务。2015年8月，美团宣布完成对TripAdvisor旗下酷讯旅游网的整体收购，酷讯被并入美团酒店旅游事业群发展机票业务。

第三节　消费变迁与业态创新

一、消费主体变迁与深度内容体验需求

（一）消费主体变迁

"千禧一代"正逐渐成为酒店消费的主体，探索、交互、情绪体验是"千禧一代"的标志，他们也是酒店业增速最快的客户群体，预计2025年可达到全部客人的50%。随着"千禧一代"消费者的增多，酒店业要更透明、更精通科技，重点关注情感共鸣和客户联络。

科技对这类人群至关重要，他们会期望使用科技办理入住、进行支付、吃饭和购物。此外，他们会积极参与到社交媒体中，如在 Twitter、Yelp、Facebook 和 TripAdvisor 上抱怨酒店。"千禧一代"期望能够在旅游服务商和个人的日程安排之间建立更深层次的联系。

（二）深度内容体验需求

"内容"是企业需要去面对的。仅有产品是不够的，仅有功能也只能满足基本性需求，客户需要更加有内容的体验性消费。成功的经营者需要持续关注经营内容而非经营产品。产品是策划设计和生产出来的，而内容才是经营者经营能力的体现。

酒店的孤岛式物理关系和信息关系需要改写。移动办公、社交生态群圈、城市休闲、健身运动、休闲餐饮、主题展示——酒店经营的新内容是新客户成长起来的需求。酒店类生活体与商业体、"4+3 郊区生活体"、历史文化街区生活体、目的地旅游生活体迎来发力机会。

二、业态创新与跨界经营

（一）"酒店+X"运营模式

在"互联网+"的启迪下，"酒店+"思维孕育而生。"酒店+金融""酒店+摄影""酒店+产品展销""酒店+生活方式"等各种形态在过去的一年里崭露头角。由此预见，"酒店+"的想象空间无比巨大，可以是"酒店+产品"，可以是"酒店+用户体验"，也可以是"酒店+互联生活或者是交流聚集平台"。在时代变革的潮流下，"酒店+X"将是未来酒店行业重要的应变之道。

旅行者可以通过注册理财产品获得喜达屋酒店集团 SPG 积分奢享人生；北京瑜舍把雅诗兰黛刚进入中国市场的新款香水、Valrhona 巧克力融合进了 pop-up 下午茶；诚品行旅通过酒店与阅读、艺术、文化、生活的结合，打造了一处体现台湾人文之美、延伸无限美好想象的所在；铂涛的插件式咖啡馆既实现了单一消费场景向复合业态发展过渡，也通过有效节约和利用空间探索了一种全新的商业模式……未来，似乎没有什么不可能。

越来越多的游客在旅行时也会注重保持健康的生活方式，而酒店响应的例子包括美高梅大酒店的"健康客房"，以及威斯汀与 New Balance 合作为客人提供健身装备。向"健康旅游"的转变给酒店带来了吸引新客户群的机遇，不过纯粹"一刀切"可能会减少盈利，也会带来不必要的麻烦。比如将传统的酒店房间改成"健康房"需要更换床垫和淋浴房，对一间酒店而言，此举增加的订房率也许可以抵消成本，但对另一间酒店而言，同样的改变可能只会减少传统房间的订房率，而并没有带来整体预订的增加。

（二）智慧酒店

在国家工信部、公安部、旅游局、标准委的支持下，"中国智慧酒店联盟"发起的《物联网——智慧酒店应用接口通用技术要求》标准对酒店技术应用的供需双方将起到"规范现实、指引未来"的作用，是未来酒店业平台建设实现互联互通、交互协作的基础保障点，将在实现产业大数据、云计算方面发挥不可替代的作用。并且，中国酒店开始出现机器人，而完全意义上的酒店自助入住也可得以实现。智慧酒店在降低人工成本、节能降耗等方面大显身手。

智慧酒店从互联网时代进入移动互联网时代，一项关键性的因素就是网络覆盖，尤其是WIFI覆盖。当前酒店业智慧化发展模型千差万别，有酒店独自发展的，如华住集团自己研发的自助入住系统，使入住由3分钟变成25秒；也有紧密牵手社交媒体发展的，如街町酒店的"自助选房、微信开门、微信客服、微信支付"生态闭环；更有抱团发展的，如由开元领衔的六大集团联盟。行业之间的跨界、联动与融合成为趋势。

（三）云PMS、APP等技术变革改变酒店业的运营服务模式

众荟于2016年5月18日正式在全国中小企业股转系统挂牌。截至目前众荟服务的酒店集团已经超过100个，并且已经有超过16万家住宿单位通过众荟的产品提升了数据化运营管理能力。众荟是酒店行业内首家酒店大数据新三板挂牌公司，采集和处理的酒店数据已占整个行业的70%以上。众荟信息以"PMS+渠道+大数据"的创新模式，打通酒店业住前、住中、住后全数据链，帮助酒店通过行业级大数据判断市场需求、设计差异化产品及服务、定制收益最大化的销售价格和渠道政策，为提升酒店智慧提供全方位的解决方案。

（四）国际化机遇与挑战

国内资本最近一年在境内外进行了频繁的并购活动，我国也产生了世界级的酒店集团。携程战略收购艺龙在业界是当之无愧的年度大事件，但携程的计划显然不止于此，从其战略投资途家、订餐小秘书、易到用车、一嗨租车、蝉游记、途风、鹰漠等一系列上下游产业链企业可以窥见一斑。相比国内集团之间的并购，万达、绿地、海航等已经把触角伸到海外多个城市和地区的企业，同样值得期待。

在这一背景下，中国酒店业国际化进程大大加快，酒店资产的规模急速扩大。但在国际舞台上，中国的酒店管理还稍显羞涩。随着中国酒店业走向全球市场，企业及其旗下的品牌双双面临着国际化的机遇与压力。

依靠单体独立的作战方式已不再能够维系酒店的生存和发展，观念的更替、营销策略的转变刻不容缓。中国酒店业当前迫在眉睫的是实现标准化与国际化的接轨。对于任何一个酒店品牌来说，第一步就是要将国际化标准带到新开拓的国家和地区中去。在大多数顾客的思维概念里，国际化酒店品牌往往比本地酒店品牌更具吸引力，无论在服务质量还是功能创新上都更具稳定性。这种概念在年青一代的消费群体中体现得尤为突出，据相关调查显示，将近80%的"千禧一代"顾客认为国际酒店品牌在提供体验服务方面做得更好。

（五）品牌与声誉管理

企业自身网站建设与品牌管理是现代酒店可持续发展的需要。当"信息"一词刚为人们所接受，与之相关的信息社会已经闪现在我们眼前，酒店经营信息化已成为不可抗拒的潮流。作为变革下的产物，网络订房是酒店信息化经营的重要标志。大多数酒店认为，只要拥有自己的网站就可以大幅增加预订，但仔细分析就会发现，酒店自身的网站并不是客人们预订客房的最优选择。因为酒店网站更新缓慢，网页上既没有醒目的促销活动，也没有亮眼的优惠回馈，既没有附加相关产品信息，也没有推广自己的特色服务。

在互联网快速发展的时代，社交媒体的威力不容小觑。声誉作为酒店的一项无形资产，应当受到有效的管理。有些酒店直接忽略顾客在其网站上发表的评论，从未进行礼节性回复。事实上，所有酒店都能通过积极的在线声誉管理而获益。只有通过关注自身产品和服务的客户体验这一方式，才能获悉自己在同行竞争中的处境。

第四章
行业景气与市场消费调查分析

第一节 2015年旅游住宿业景气分析

2015年,我国旅游产业运行保持在"较为景气"区间,为近三年来的最高水平。旅游住宿业等产业已经成为创业创新最活跃的领域之一,社会投资增长迅速,战略性投资日益增多。展望2016年,旅游企业家信心指数较高,企业投资活跃,在资本、技术和人才等产业要素日益完善的条件下,旅游产业体系将继续创新、融合和扩大。

一、旅游产业总体运行良好

2015年企业家对旅游产业总体运行的景气值评价有所波动,但总体处于"较为景气"区间,表明企业家认为旅游产业总体运行良好(见图4-1)。

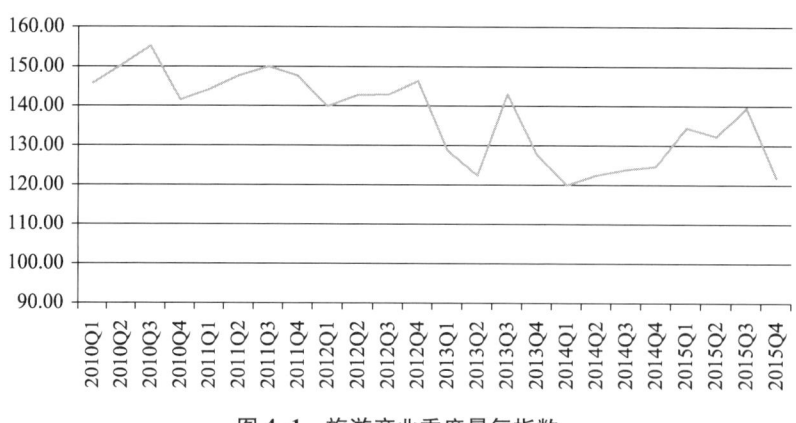

图4-1 旅游产业季度景气指数

2015年，我国旅游企业经营层面的景气值也处于"较为景气"区间（见图4-2）。第一至第四季度企业家对企业层面的经营管理景气值评价分别为128.8、129.4、146.6、109.9，表明微观层面的运行情况也较好，但有所波动。

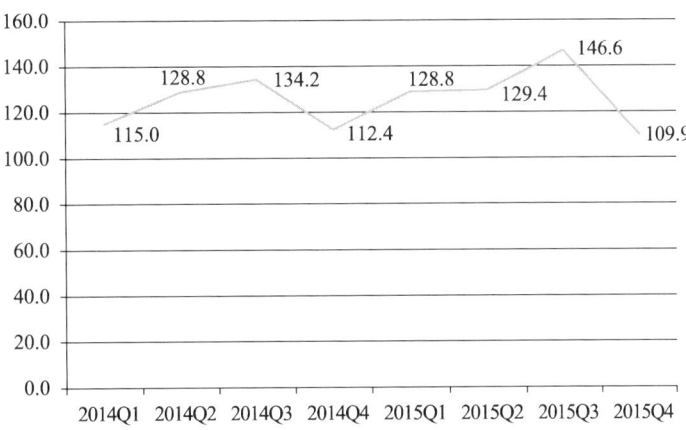

图4-2　2014年第一季度至2015年第四季度旅游企业经营景气指数

从旅游产业运行相关指标来看，2015年前三季度各指标景气值总体相对较高。监测数据显示，预订人数、接待人数和固定资产投资增加是景气提升的主要原因。而利润、就业、价格等指标的景气值相对较低（见图4-3）。

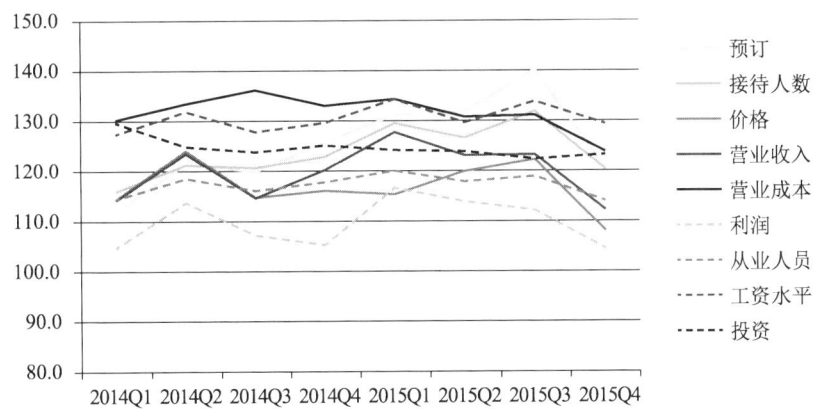

图4-3　2014年第一季度至2015年第四季度旅游产业运行指标景气值

二、旅游住宿业

2015年,我国旅游住宿业运行处于"景气"水平之上,其中第一至第四季度景气值分别为113.9、109.9、136.2、114.1,第三季度景气水平较高(见图4-4)。

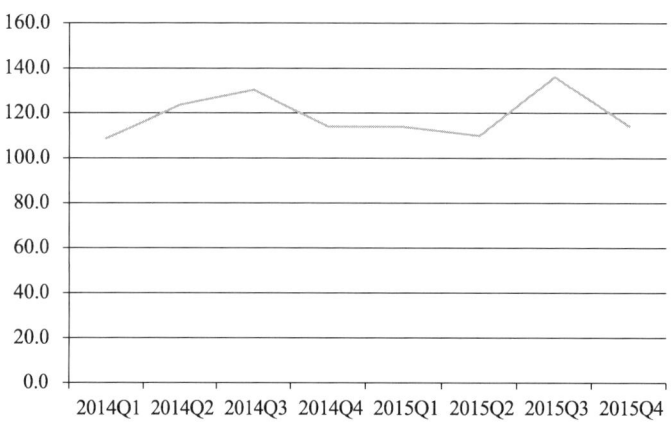

图 4-4　2014 年第一季度至 2015 年第四季度旅游住宿业运行景气值

在旅游各行业中,饭店产业景气值相对较低,显示出饭店行业人士对本行业总体运行和经营状况评价较低(见图4-5)。

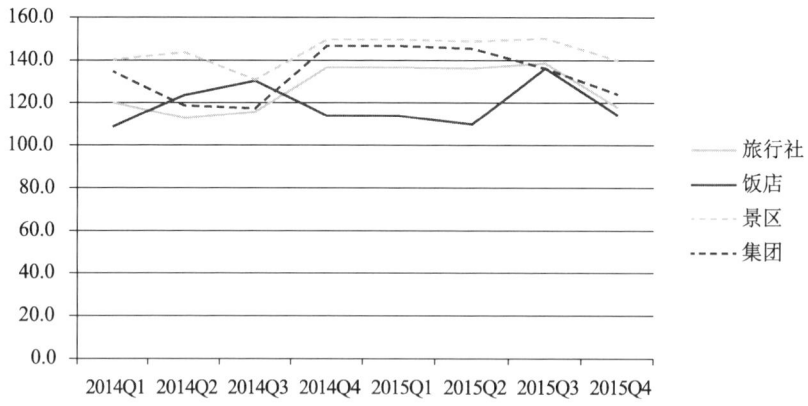

图 4-5　2014 年第一季度至 2015 年第四季度旅游各产业运行景气值

其中，利润、价格、从业人员和营业收入等指标相对不景气，而预订、接待人数、员工工资水平和投资等指标景气值相对较高，说明饭店产业规模扩张，但绩效相对较低（见图4-6）。

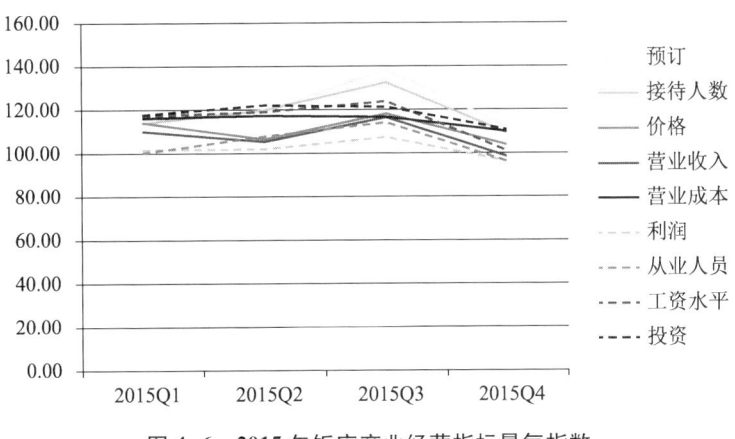

图4-6　2015年饭店产业经营指标景气指数

从饭店产业来看，企业家对饭店产业发展的信心、对企业经营的信心均相对较低，但呈现有所上升的趋势。进一步分析显示，当前，旅游饭店业总体形成了星级饭店、品牌饭店、非标准饭店等业态类型，星级饭店特别是高星级饭店、高端饭店等经营有所下滑，大众、经济型和非标准住宿业等发展状况较好。

饭店行业发展前景总体处于"景气"水平以上。2015年第一至第四季度分别为133.5、106.7、112.4和109.9（见图4-7）。

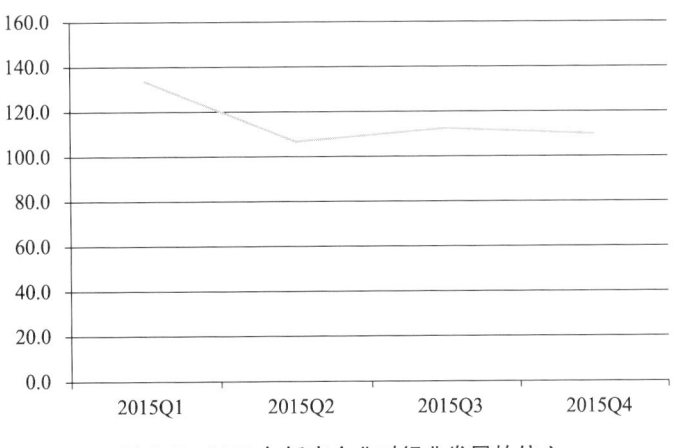

图4-7　2015年饭店企业对行业发展的信心

相对而言，饭店企业对自身经营水平的信心较低，2015年第一至第四季度分别为128.9、96.0、102.7和109.68（见图4-8）。

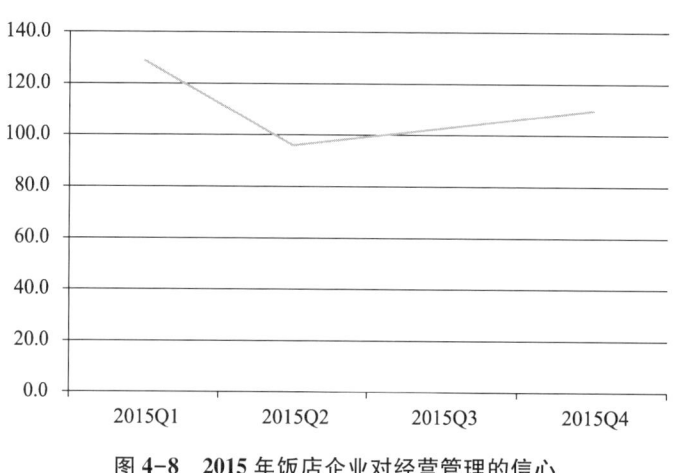

图4-8　2015年饭店企业对经营管理的信心

第二节　住宿业消费者调查分析

一、游客出游时间

根据2015年第一至第四季度的调查，一日游市场以国内游客为主（见图4-9）。国内团队特别是散客的一日游在各自市场所占比例较高，出入境旅游的一日游比例很低。

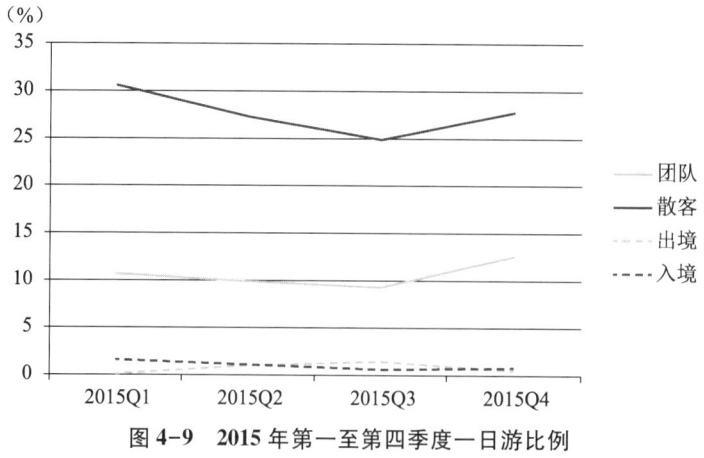

图4-9　2015年第一至第四季度一日游比例

出游时间为2~3日的旅游市场也以国内游客为主,约占国内市场的45%。出入境游客出游时间为2~3日的比例在10%左右(见图4-10)。

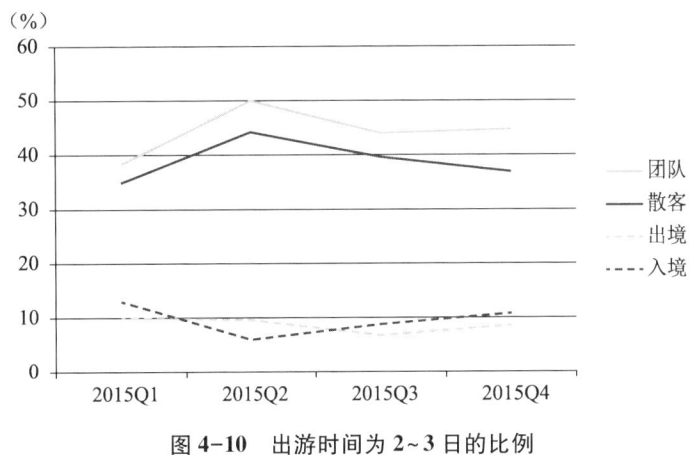

图4-10 出游时间为2~3日的比例

出游时间为4~7日的市场,以出境游客为主,约占出境市场的70%。入境、国内团队的比例也在30%以上。散客市场所占比例相对最低(见图4-11)。

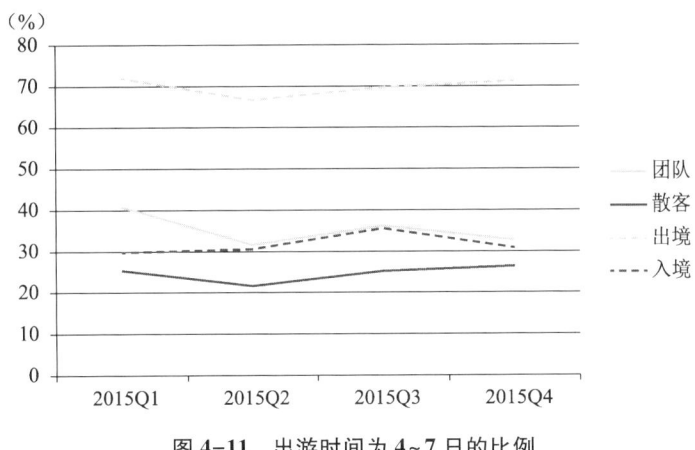

图4-11 出游时间为4~7日的比例

出游时间在一周以上、两周以内的市场,以入境旅游、出境旅游为主,其中入境旅游市场比例最高,达到40%以上(见图4-12)。

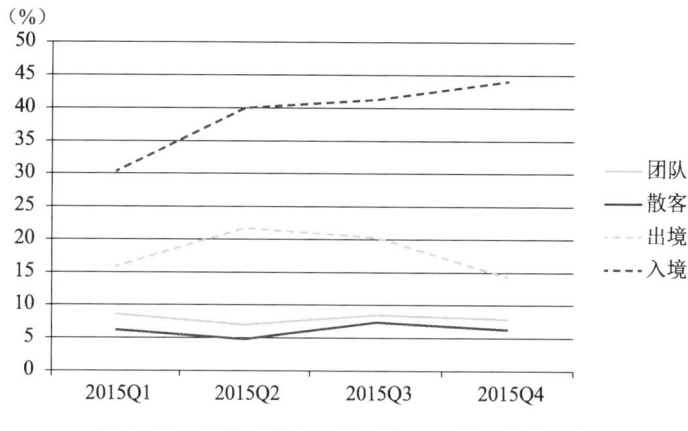

图 4-12 出游时间在一周以上、两周以内的比例

出游时间在半个月以上、一个月以内的市场，也以入境市场为主，约占入境市场的 10% 左右，国内、出境市场占 2% 左右（见图 4-13）。

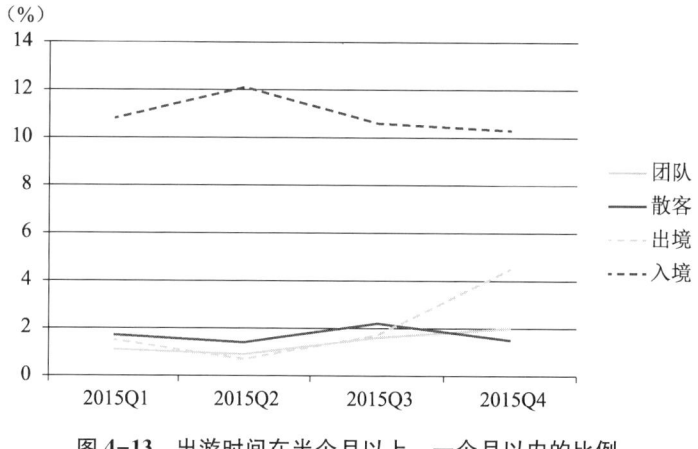

图 4-13 出游时间在半个月以上、一个月以内的比例

出游时间在一个月以上的市场，也以入境市场为主，其他市场则很少（见图 4-14）。

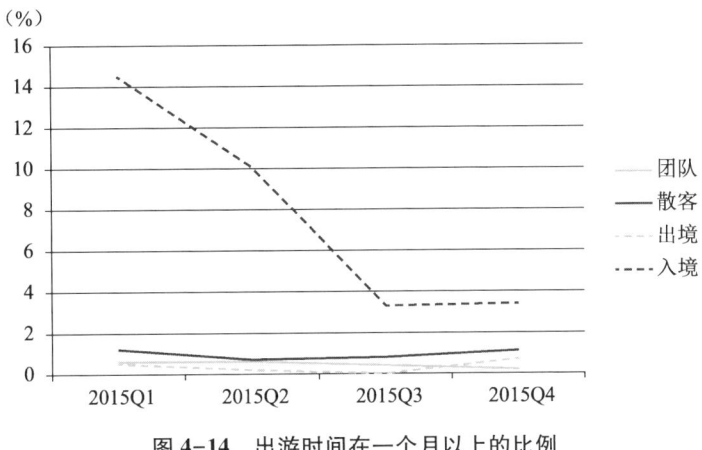

图 4-14　出游时间在一个月以上的比例

二、住宿消费行为分析

根据调查数据，住宿信息是消费者出行前关注的主要内容之一，所占比例较高。其中国内市场在 25%~30% 之间，出境市场在 20% 左右（见图 4-15）。

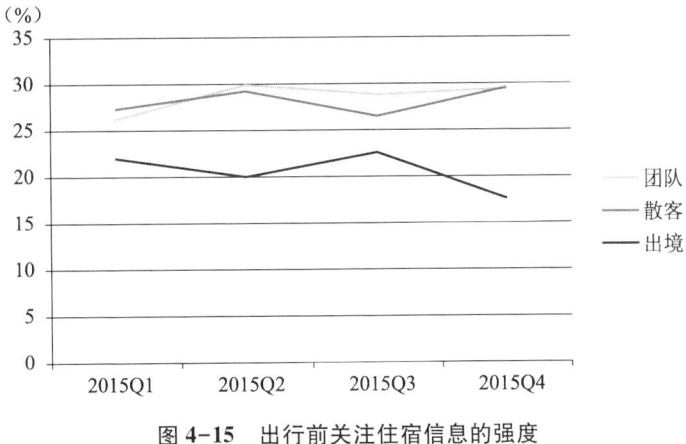

图 4-15　出行前关注住宿信息的强度

住宿条件也是影响消费者选择目的地的重要因素，其中入境游客最为在意住宿条件，强度超过 20%，出境游客则相对不关注住宿问题，强度低于 5%（见图 4-16）。

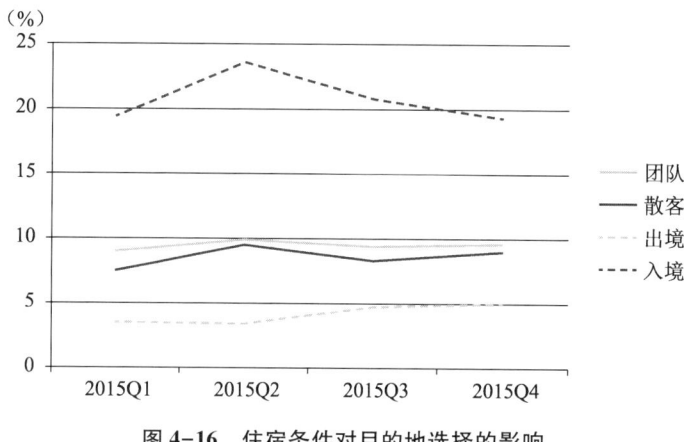

图 4-16 住宿条件对目的地选择的影响

住宿花费在旅游花费中占据一定的比例，根据 2015 年的调查数据，散客住宿花费比例相对最高，出境游客住宿花费比例相对最低（见图 4-17）。

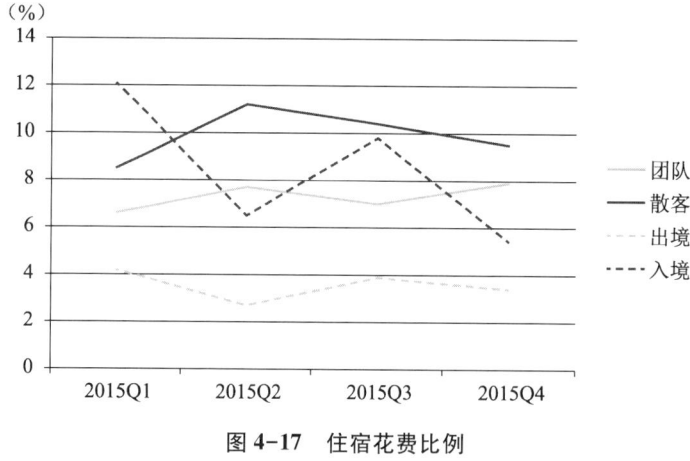

图 4-17 住宿花费比例

在入住的酒店类型方面，选择高档酒店的游客中，以出入境游客特别是入境游客为主，国内游客选择高档酒店的比例较少，在 5% 以下（见图 4-18）。

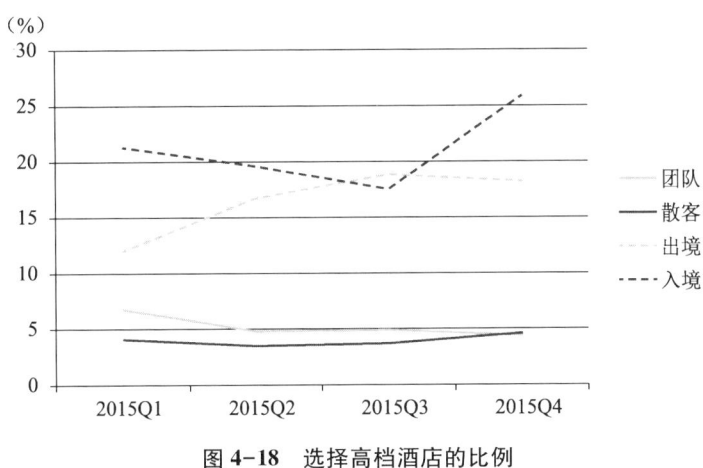

图 4-18 选择高档酒店的比例

数据显示，中档酒店是游客的主要选择，其中又以出境游客为主，比例在 40%~50% 之间，国内游客选择中档酒店的比例也在 20%~30%（见图 4-19）。

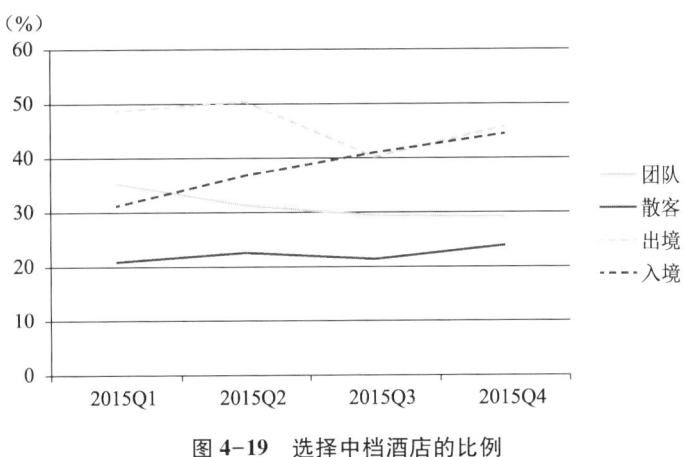

图 4-19 选择中档酒店的比例

经济型酒店也是游客的主要选择。国内游客的住宿选择以经济型酒店为主，占 50% 以上，出入境游客则在 30% 左右（见图 4-20）。

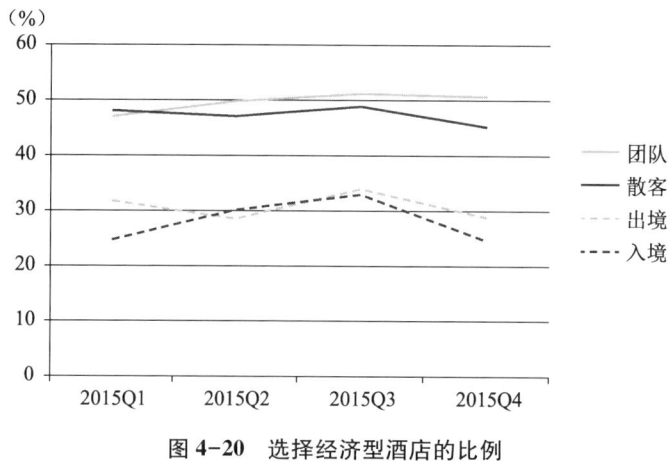

图 4-20 选择经济型酒店的比例

社会旅馆的市场份额较低,在 10% 以下,且主要面向散客,团队、入境和出境游客较少(见图 4-21)。

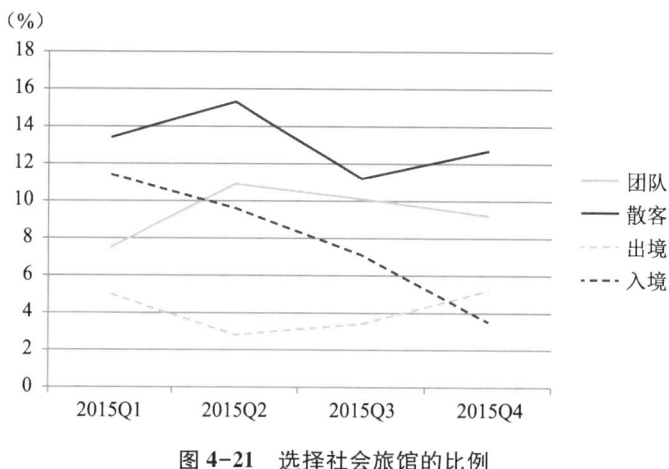

图 4-21 选择社会旅馆的比例

从游客的住宿预订方式看,网络预订是绝对的主流方式,比例在 70% 以上,电话预订、现场预订和其他方式均为辅助,所占比例较小(见图 4-22)。

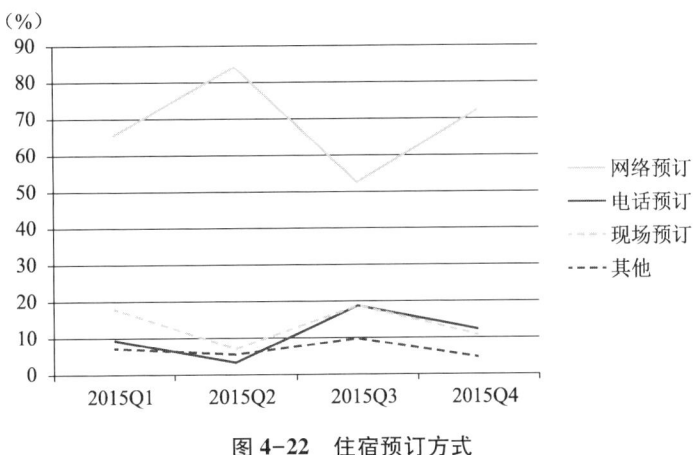

图 4-22 住宿预订方式

三、住宿服务质量

2015 年，旅游住宿满意度为 7.58，处于"基本满意"水平。第一至第四季度的满意度分别为 7.59、7.52、7.59 和 7.61（见图 4-23）。

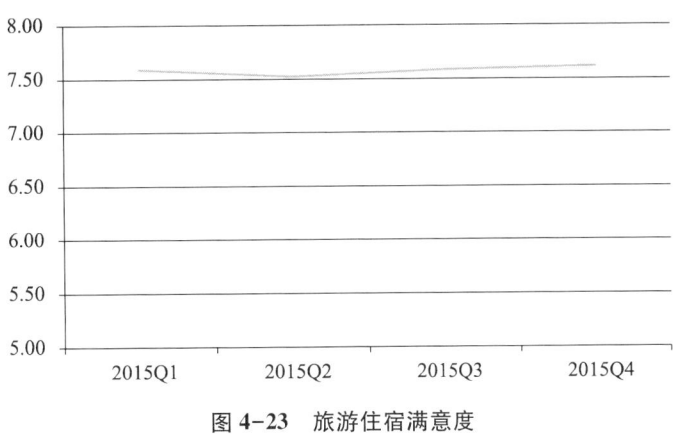

图 4-23 旅游住宿满意度

其中，散客、团队游客的住宿满意度分别为 7.562 和 7.608，散客的住宿满意度相对较低（见图 4-24）。

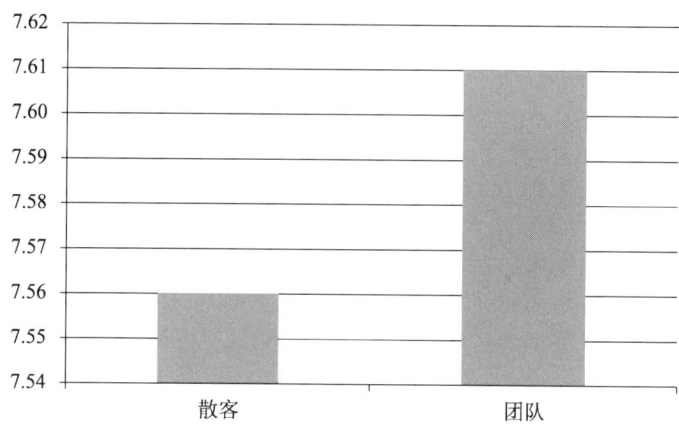

图 4-24 散客、团队游客的住宿满意度

2015年，游客住宿满意度较高的城市分别为广安、重庆、上海、大同、北京、黄山、苏州、天津、杭州、济南（见图4-25）。

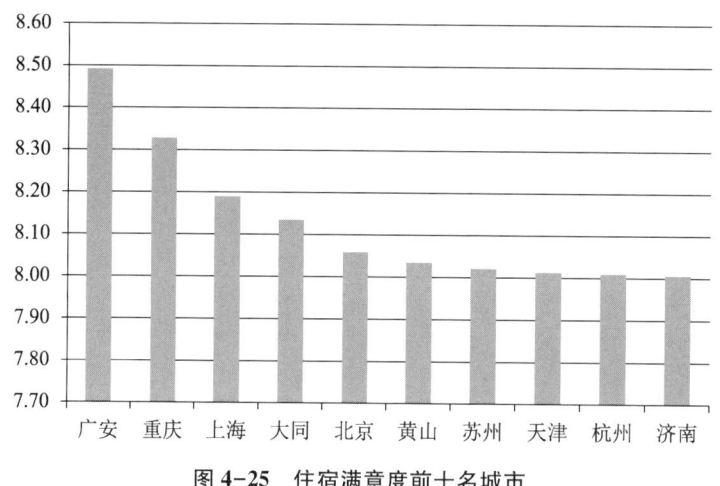

图 4-25 住宿满意度前十名城市

2015年，游客住宿满意度较低的城市分别为兰州、呼和浩特、遵义、北海、南昌、南宁、贵阳、西宁、秦皇岛和汕头（见图4-26）。

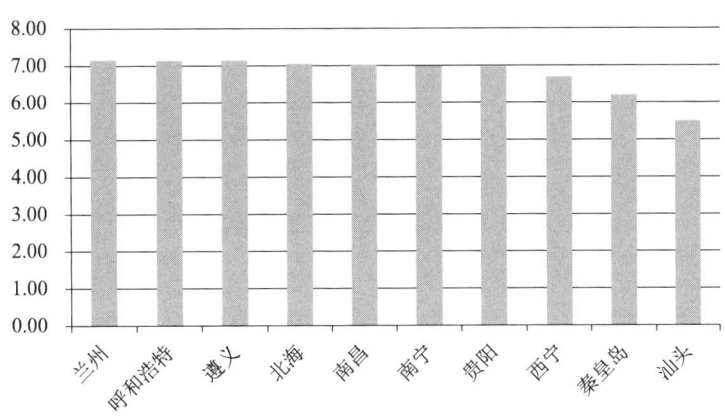

图 4-26 住宿满意度后十名城市

从调查结果看,游客对住宿的总体评价是较高的,首先是对住宿质量和住宿服务(包括舒适度、环境、卫生、位置、设施等)比较满意;其次,游客对住宿的性价比满意度也不错。住宿需求是游客在目的地城市旅游过程中的基本需求之一。影响游客住宿满意度的因素有住宿设施质量、安全、卫生及服务质量以及餐饮质量等。住宿单位除了要满足最基本的设施齐全以及卫生达标等要求以外,要不断提升自身特色,并做好设施的更新工作,不断加强对特色住宿的创新与完善,满足游客的不同住宿需求。面对客栈、公寓式酒店等非标准住宿方式的快速发展,政策以及管理措施方面都应该给予相应的发展指导。

从国内、入境和出境三大市场看,入境游客的住宿满意度最高,国内游客的住宿满意度相对较低(见图 4-27)。

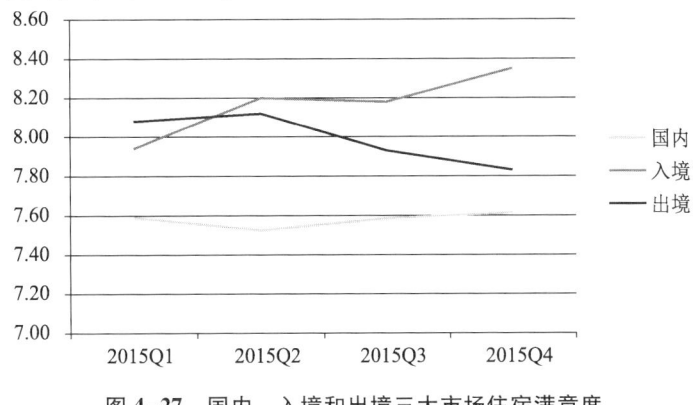

图 4-27 国内、入境和出境三大市场住宿满意度

从入境市场看,沈阳、重庆、广州、杭州等口岸的入境游客住宿满意度较高,北京、上海、西安、成都等口岸的入境游客住宿满意度较低(见图4-28)。

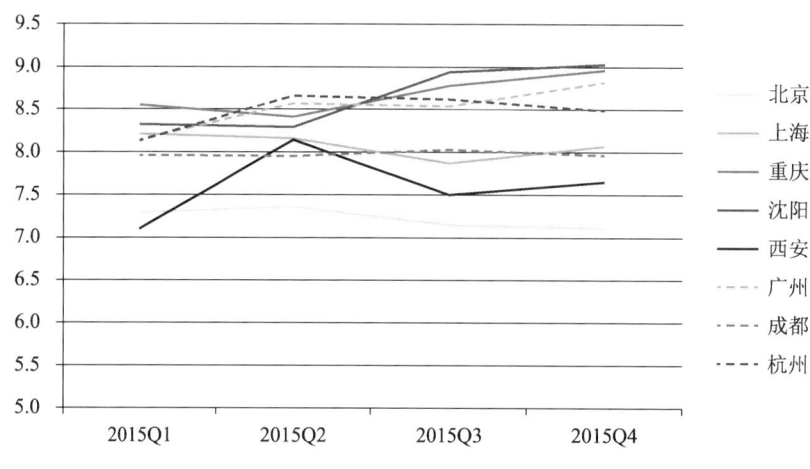

图4-28 不同口岸入境游客的住宿满意度

从出境游客的住宿满意度看,虽然满意度指数较高,但在住宿位置、电视中文频道等住宿服务方面相对较低(见图4-29)。

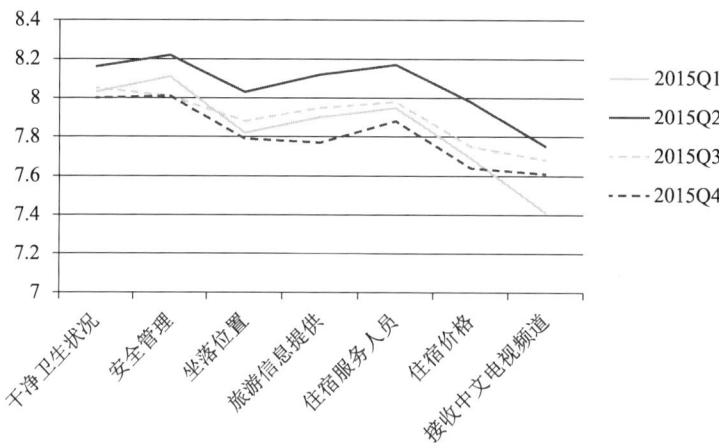

图4-29 2015年出境游客的住宿满意度

从投诉情况看,住宿服务的投诉案例相对较少,但住宿业收费不合理、降低服务质量、服务态度差等问题比较突出(见图4-30至图4-33)。

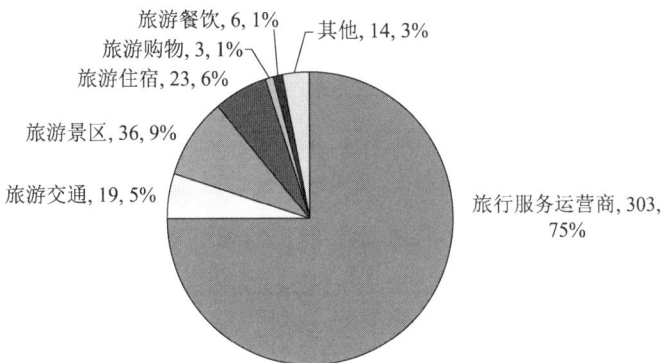

图 4-30　2015 年第二季度网络投诉的主要投诉对象、数量与比例

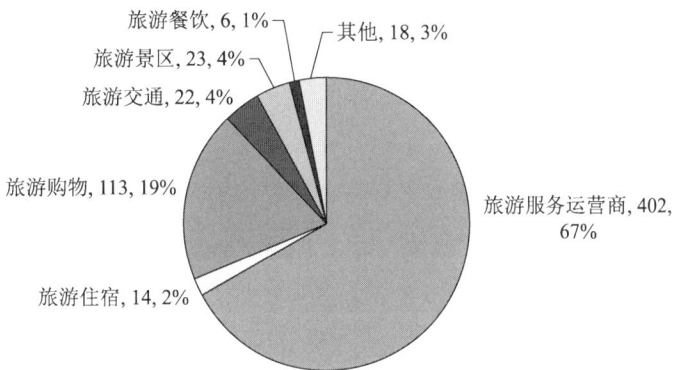

图 4-31　2015 年第三季度网络投诉的主要投诉对象、数量与比例

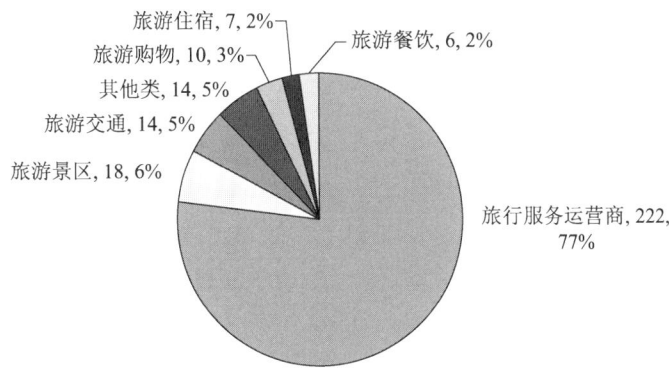

图 4-32　2015 年第四季度网络投诉的主要投诉对象、数量与比例

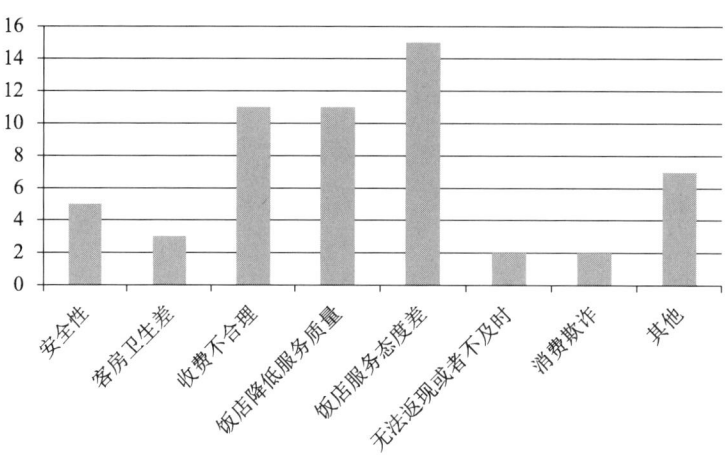

图 4-33 旅游住宿投诉的主要问题

针对当前的旅游投诉问题，政府旅游主管部门鼓励各地结合实际，创新社会监督组织管理的方式，动员万名社会监督员对旅行社、导游、住宿、景区、交通、购物等各个环节开展明察暗访。设立"品质旅游产品榜"，开展"旅游服务大家评"。支持旅游协会等中介组织制定评价旅行社、导游、饭店、景区的服务标准，开通旅游企业和从业人员游客网上评价平台，形成优胜劣汰的正向机制。强化媒体的舆论监督，支持媒体曝光旅游违法违规事件。

第五章
当前旅游住宿业热点领域

第一节 精品酒店发展的软品牌模式

目前，精品酒店的发展面临着个性化与规模化之间如何平衡的困境：个性化意味着高成本，规模化可降低成本增强盈利能力，但将弱化个性化。对单体精品酒店来说，即保持独立性、独特性与营销、预订等运营成本过高之间如何平衡的问题；对精品酒店连锁集团来说，即规模化、标准化与个性化、独特性之间如何平衡的问题。其化解之道就是建设精品酒店的软品牌（soft brand）。

单体酒店、品牌连锁酒店和酒店联盟，是精品酒店常见的存在形式。单体酒店和品牌连锁酒店之间的界限日益模糊，软品牌是介于二者之间的一种形式。软品牌也可称为准品牌（quasi brand）或签名品牌（signature brand）。软品牌也不等同于酒店联盟，而是超越一般联盟，以公司化、集团化运营。精品酒店软品牌在国际上已有50余年的历史，已有60年历史的罗莱夏朵和1995年发布的Luxury Collection都是早期以软品牌营销酒店的典型。软品牌这种形式近年来在国际上开始流行，但国内精品酒店软品牌尚处于萌芽状态。

软品牌是相对于硬品牌而言的。我们可以把那些拥有一套统一的VI系统、硬件和软件标准的品牌称为硬品牌。硬品牌酒店通常会被视为标准化和千篇一律，降低了业主独立性，也限制了其拥有的创造力。加盟软品牌，酒店不需要受品牌标准的束缚，不需要统一的标识系统、设施设备、酒店用品、人员配备等；软品牌给予业主更大的灵活性，可保留酒店名字的独立性和自己的品牌身份，独立经营自主决策，保持酒店的个性特征和魅力。软品牌让独立酒店充分利用软品牌或所属酒店集团的中央预订系统、营销和销售渠道、顾客忠诚计划等资源，以更高效地获取客户；软品牌还可提供后台管理系统、收益管理系统、人员培训、集团采购等服务，以降低营业成本，提升运营效率；也有软品牌提供更多服务，如设计酒店集团（Design Hotel AG）还提供设计咨询。软品牌酒店管理公司制定准入门槛和进行品质监管。例如，最佳西方国际最新发布的软品牌 BW Premier Collection，要求所有加入的软品牌酒店在猫途鹰上的评分在 4 分以上，AAA/CAA 评级为不低于 3 钻。从房价层面而言，硬品牌酒店通常有非常清晰的客户群和定价策略，而软品牌酒店有更广泛的用户基础和更为灵活的定价策略。对业主而言，软品牌是赋予独立酒店以更多自由、独立性、独特性，且获得附属于一个品牌的很多好处的一种方式。

精品酒店软品牌模式大体可分为三类：一是独立发展的精品酒店软品牌，如 Great National Hotels and Resorts、Destination Hotels 等；二是附属于大型酒店集团旗下的精品酒店软品牌，如豪华精选（Luxury Collection）、傲途格（Autography Collection）等，这类软品牌的名字中通常冠以 Collection 或 Portfolio 为后缀；三是所谓的代表公司型的（Representation Company）精品酒店软品牌，如 the Leading Hotel、Preferred Hotels、罗莱夏朵、SLH 等。为了抢占软品牌市场，国际酒店集团通过自设和并购软品牌快速进入该市场，如最近希尔顿设立的 Curio Collection，喜达屋设立的 Tribute Portfolio 等，喜达屋收购了设计酒店集团（Design Hotel AG），而洲际酒店收购了金普顿酒店集团（Kimpton Hotels & Restaurants）。对于酒店集团而言，在进入那些障碍难以逾越的市场，发布软品牌通常是相对来说建立渠道并不昂贵的方式。对于那些被收购的软品牌来说，在共享集团庞大会员群、销售渠道和预订系统的同时确保运营的独立性是需要解决的问题。

精品酒店是加入一个软品牌还是独立运营，选择时也需要考虑酒店的目标消费者、营销收益、设计和运营指导原则以及与品牌化相关的成本。相对加入硬品牌而言，加入软品牌一般来说成本更低，合同更灵活。加入软品牌，可节省重新装修、更换标识系统和酒店用品以及人员培训的费用，但获得软品牌公司或背后品牌酒店集团的推荐网络和预订系统，需要支付一定的费用，遵守一些非正规的标准。软品牌的费用结构一般是会员费+收入百分比+营销费用。软品牌在商业方面更具持续性，可以提供硬品牌所有的好处，但不必承担长期合同和高成本的特许经营费等负担。加入软品牌介于加入连锁品牌和保持独立运营之间，软品牌更像是一个合作伙伴，很多软品牌费用是基于绩效的，合同期限 3 至 5 年，也有 1 年的。

精品酒店是独立运营，还是选用品牌连锁，抑或是采用软品牌，并非一成不变。当酒店业主缺乏管理经验时，会加入硬品牌；当目的地尚未成熟或还未成为受欢迎的目的地时，加入硬品牌可为其带来客源；但当业主拥有较为丰富的管理经验或目的地较为成熟时，他们更愿意独立经营或加入软品牌。例如，Thayer Lodging Group 在收购 Diplomat Resort & Spa in Hollywood 后，保留了酒店名字，但脱离了威斯汀酒店品牌，并最终加入了 Curio 软品牌。加入软品牌后，在管理方式上，若业主具有运营能力，会选择自己经营；也可采取委托集团管理或第三方酒店管理公司管理。在酒店名称上，那些坐落在历史建筑、地标性建筑、特色鲜明的建筑或知名度高的建筑里面的精品酒店，更愿意保留自己的名称和品牌。一些新建精品酒店在加盟软品牌时通常会在名称里植入软品牌，例如海口中弘傲途格酒店。当然，也有老酒店同样愿意植入软品牌名称，如上海衡山路十二号豪华精选酒店。

软品牌精品酒店带给消费者更大体验满意度。软品牌具有更大的灵活性，带给消费者更多独特性体验，更受消费者欢迎。硬品牌有可预期性，而软品牌往往更多带有惊喜成分。顾客期望在价格选择之外还能够获得单独的、特别的殷勤招待体验。软品牌强调满足、创造顾客的个性化需求。地道、独立、个性化的软品牌酒店，通过与顾客互动，让顾客在整个消费过程中产生美妙而深刻的印象和感觉，获得全面客户体验。调查显示，千禧消费者越来越表现出对独立并提供原真性体验酒店的预订兴趣。

精品酒店软品牌成长速度超过硬品牌。傲途格 2010 年发布，目前已有 80 多家酒店，Ascend（雅思得）五年内就发展到 100 家酒店。从经营绩效看，软品牌公司除了自己的预订网络和会员系统，还与大的旅行机构建立紧密联系，来自软品牌的预订系统所占比重显示软品牌对于销售和营销努力有着正面的效果。同时，根据 STR 收集的数据显示，2014 年美国硬品牌酒店取得了更高的入住率，但软品牌酒店取得了更高的平均房价和每房收益。

总体而言，加入软品牌，精品酒店可在保持独立性的同时获取连锁化带来的好处，达到了鱼与熊掌兼得的效果，同时也带给消费者更加个性化、更加满意的体验。精品酒店的软品牌将会成为国内精品酒店发展的一种新模式和新趋势。

第二节　中端酒店：协同发展与联盟共赢

一、中端酒店高速发展的动力

中端酒店一般指房价定位于 300~500 元（不同城市和地段房价略有波动），提供具备一定品质的硬件设施和良好服务，又区别于高星级酒店的奢华和一应俱全，突出酒店核心产品和关键配套产品、突出品位、突出客人体验的酒店。对于大部分商务人士和旅游消费者来说，是具备较高性价比的品质酒店。相比于经济型酒店，中端酒店服务种类更多、产品更高档、附加值更高、价格略高。相比高端酒店，中端酒店附加服务种类相对较少，强调客人个人体验，服务突出专而精，满足顾客对舒适、便捷、品质、超值等的需求，因此具备一定的价格优势，性价比更高。

（一）国家政策的调整和经济型酒店发展势头的萎缩

2012 年底中央"八项规定""六项禁令"出台后，酒店会议和宴会数量急剧减少，部分城市或地区把五星级酒店拒于政府采购名单之外。高端酒店的发展受到了很大的影响，更多客源流向中档酒店，使得中档酒店客观上得到了发展的机会。与此同时，由于成本上升以及竞争加剧，曾经是国内酒店市场宠儿的经济型连锁酒店发展势头早已大不如前，从业绩上体现出的一点就是对营收影响较为明显。如家 2015 年净利润同比下滑 73.29%，全年营收也有所下降。近五年来在入住率和 RevPAR 方面的数据都与经济型酒店的黄金时期相去甚远。经济型酒店已经走到了"瓶颈期"，入住率和房价都在下降，投资回报期延长。此外，经济型酒店前期租赁的物业，也已经陷入合同到期、租金上涨的困局。不少合同到期的酒店都改造升级到中档酒店，或将面临新一轮的重组、兼并、转型的过程。如莫泰被如家收购，七天开始转型推出铂涛、喆啡、丽枫等中端品牌。这个转化率将为中档酒店的发展速度提供最强劲的动力。

（二）中产阶层队伍的壮大和消费观念的转变

随着我国国民收入水平的提高，人们的消费观念、消费需求不断更新、升级，对酒店产品或服务"非大众化"的追求,如个性时尚体验的需求更加鲜明。在当前的体验经济时代,顾客对酒店的要求不再是能够满足基本的休息功能,更多的是一种生活理念和一种新型的生活方式。特别是"十二五"期间,我国中产阶层队伍逐步壮大,服务更综合、产品更多样的中端酒店得到越来越多中产阶层人士的青睐。随着市场需求日益细化,中端酒店对中产阶层消费群体具有特别的吸引力,其消费潜力远大于经济型酒店消费人群,并已成为中端酒店发展的主要推动力量。现有的经济型酒店住宿条件已经不足以满足那些日益提升的消费需求和消费者逐渐成长的品质需求、个性需求等。随着国民收入水平不断提高,人们的旅游出行方式也发生了很大的变化,休闲旅游、自助旅游和自驾旅游等新兴旅游方式的快速发展,使我国旅游经济已经从大众旅游的初级阶段向高级阶段发展,人均旅游消费水平呈现持续增长态势。旅游者渴望在旅途中找到自我归属感和价值感,因而舒适、有格调,能够彰显其个性、生活品位与主张的中端酒店成为他们的首选,更多客源因此流向中档酒店。

(三)市场空白和投资契机

从市场容量看,中档酒店的数量还远未达到饱和状态。中端酒店市场以单体三星酒店为主,大部分规模小、缺乏具有市场影响力的品牌,处于品牌真空期,存在较大市场空白。在国内品牌中,维也纳、全季、星程、和颐、亚朵等市场接受程度高,近年来发展很快。但从表5-1中可知,即使是排名第一的维也纳酒店,目前也只有不到300家门店,不到5万间客房。大多数的中端酒店品牌都不到100家门店,不到1万家客房。从竞争格局来看,相对于经济型、高档酒店这两个细分子行业而言,中档酒店的品牌还未形成稳定格局,不同品牌正加速扩张布局,品牌之间还未形成显著差距,各酒店集团处于"跑马圈地"的阶段。

表5-1 中端酒店品牌排名

品牌名称	所属集团	客房数(间)	门店数(家)
维也纳酒店	维也纳酒店集团	47 321	293
全季酒店	华住酒店集团	27 559	186
星程酒店	华住酒店集团	12 138	118

续表

品牌名称	所属集团	客房数（间）	门店数（家）
和颐酒店	如家酒店集团	9951	68
亚朵酒店	亚朵生活	7650	51
丽枫酒店	铂涛酒店集团	7313	80
南苑e家	宁波南苑商务旅店	6979	83
山水时尚	中青旅山水酒店	5794	45
桔子精选	桔子酒店集团	5756	46
富驿时尚	富驿酒店集团	5488	53

资料来源：2016 中国酒店连锁发展与投资报告。

从酒店投资回报的角度看，经济型酒店的房价难以提升，通常维持高入住率是其核心，而对于中端酒店而言，消费者对房价的敏感度弱于经济型酒店，房价接受度更高。相对高的房价及较好的入住率，中端酒店在投资收益率上的提升更具可操作性。根据首旅酒店 2016 年上半年业绩报告中披露的数据显示，如家所有酒店 RevPAR（每间可销售房收入）同比增幅为 4.5%，但中高端酒店品牌和颐、如家精选同比分别增长 13.0% 和 22.4%。中端酒店在投资收益率提升上的潜质由此可见一斑。

在以上各方面的推动下，各大酒店集团纷纷将中端酒店作为 2016 年的扩张重点。有原来就定位为中档酒店的，如富驿酒店、桔子水晶酒店和中青旅山水酒店均以中档酒店市场为核心，进行了各种不同程度的试水。有经济型酒店升级版，如 7 天"铂涛菲诺酒店"，锦江"都城酒店"，如家"和颐酒店"，华住集团"禧玥酒店""星程酒店"等都已转移市场，快速在全国布局中档酒店。还有传统星级饭店的现代化转型，如首旅酒店集团"谭阁美酒店"、开元酒店集团"开元曼居酒店"和中南海滨绿色酒店。国内传统高星级酒店也开始转型，进军中档酒店市场。根据《2016 中国酒店连锁发展与投资报告》数据显示，截至 2016 年 1 月 1 日，我国有限服务酒店总数已达到 2.15 万家（+31%），客房总数近 197 万间（+29%），其中中端酒店 1749 家（+86.86%），经济型酒店 1.97 万家（+27.81%）。以此数据样本来看，国内中端酒店正在爆发式增长。

二、中端酒店个性化、品质化、盈利化的协同发展方向

由于中端酒店的消费群体是介于低端经济型酒店和高端酒店消费市场之间的群体，他们关注产品的高性价比和较高的服务效率及安全度，同时具有价格敏感性和高品质产品需求的特点，因此中端酒店的发展很容易受到经济型酒店和高端酒店的前后夹击。中档品牌层出不穷，但综观目前国内的中档酒店市场，依然以单体的三星酒店为主，数量上不可谓不庞大，但实际盈利能力却不尽如人意。从发展趋势来看，目前各酒店集团加速布局中端市场，竞争加剧，寻找合适的盈利模式迫在眉睫。

（一）品牌特质个性化、品质化的发展趋势

在激烈的市场竞争中，中端酒店要想有好的发展就必须时刻关注用户的核心需求，紧紧抓住酒店的核心产品和独特体验产品，提升服务品质，增加附加值，提高软实力。而今不少连锁酒店品牌正在以更为个性化、主题化的品牌特质吸引一批特定的消费群。

例如，面向中端市场的桔子酒店，定位于时尚、简约的美式全球连锁酒店，旨在为客户提供一种预算内的小小奢华。桔子酒店坚信简约并不等于简单，并由此赋予酒店以新的概念，即除了满足基本住宿需求以外，还有时尚的氛围为房客带来好的心情。桔子酒店平均房价要比如家、7天等经济型快捷酒店高50元左右，但与经济型酒店相比，桔子又多了些细节的考量：每个房间会有一条游来游去的小鱼，玩魔方赢取一杯咖啡等。独特的创新和设计博得了小资客户们的欢迎，人们愿意多花50元为精神享受买单。因此，桔子酒店特别适合那些在乎住宿品质和住宿心情的商旅客人，而合理的价格也不会使大多数人望而却步。桔子酒店追求的时尚并不是奢侈，而是一种建立在便捷和舒适基础上的文化氛围。这包括橙色斑斓的大堂，水彩画与镜子装点的走廊，安静、纯白一体的浴室，弥漫在走廊中的轻音乐，以及原本只有部分星级酒店才配备的液晶电视和无线上网等科技设施。这一切皆为了创造一个充满自由格调的环境，一种尊重创意、渴望差异的文化氛围和为商旅生涯体贴至深的人性关怀。

又如，国内中端精品酒店的代表君亭酒店，提出了"中端精选服务品牌"的概

念，即产品精选、服务精选，为顾客营造了一个充满禅意的宁静、轻松、私密空间。君亭旗舰店里面的公共空间是跨界型产品，把移动商务，包括咖啡、书吧、休闲、早餐和会客等功能，全部整合进了一个公共空间里面。酒店聚焦于高品质客房产品，其客房摆脱了传统客房给人的印象，突出客人的沐浴体验和睡眠体验，附加私密的商务阅读空间或者体面的会客功能区域，同时房内配有专业的硬件设备，为客人提供免费的 Mini Bar 饮品和无线网络等人性化产品服务。君亭的理念认为"酒店即生活"，一个酒店想占有未来的市场，一定是引导、创造或适应了某一类人的生活方式，因此其酒店产品的设计初衷也是为了适应其目标客户的消费需求和生活方式。君亭品牌的核心要旨是为商务旅行的客人提供优雅的商旅行程，使其拥有体面、舒适的睡眠和入住的过程，同时又有良好的商务社交的环境，亦即为消费者打造较好的社交空间，让更多的消费者能够在其中喝喝咖啡，看看书，享受自己的时间。君亭所追求的社交空间充溢着文化气息和书香气，又不是非常豪华。同时酒店的餐厅在不同的时段还为客人提供多达 75 个品种的餐饮服务，很好地满足了商旅客人对美食和健康的需求。君亭凭借其独特的设计感和体贴的服务，受到越来越多人士的青睐，特别是有成本意识的商务客人和休闲旅游客人成为了其主流客户。

再如，中国第一家人文酒店亚朵酒店，其创意起源于云南怒江边中缅边境的一个小村庄。亚朵的创业者在一次旅行中，意外走进了亚朵村，为当地的自然、清新、淳朴所触动，那里虽不富足，但人与人之间诚实、信任，心存善意，常怀幸福，故以此为名创立了"亚朵"品牌。亚朵以"阅读"和"属地摄影"为主题，通过专有的图书馆区域，以及房间以摄影作品为主题背景，茶壶来提升人文气息。让客户在清新自然、竹居书香的"第四空间"感受有温度的邻里服务，体味"在路上"的百味人生。"在路上"不应是脚步匆匆地赶路，而应是用心体验。始于酒店，不止于酒店，亚朵提倡的是"轻"生活态度，删繁就简，重拾人与人之间的诚实、信任，以及相信美好的能力，为用户提供一切美好的生活体验。此外，亚朵积极创造酒店"产消者"与"投消者"的模式，建立客户黏性，并拓展直销渠道。所谓产消者，意思是生产者即是消费者。比如摄影方面，每个房间的照片都是来自于不同的用户，亚朵支付版权费。每个摄影师都希望自己的作品可以被认可、被分享，亚朵由此成了摄影作品的展示平台。通过这些方式，用户即由消费者变为生产者，参与亚朵的建设，与亚朵的连接也变得更强、更有意义。亚朵由此通过摄影积累了50万名会员，取得了良好的效果。所谓投消者，即亚朵的投资者也是亚朵的消费者。在一年时间内，亚朵总共发起了六次众筹，共有5000多名会员参与了众筹，这些会员的平均住宿次数超过了10次，属于黏性最强的群体，这几次众筹带来的会员增量都在10万量级以上。通过这种产消者、投消者的连接，把住宿变成一种深度连接和强关系，实现了从单品到平台的跨越，由此带来附加价值，创造新的用户品类并建立客户黏性。亚朵已成为中端酒店市场中一个不容忽视的品牌。中国饭店协会发布的《2016中国酒店连锁发展与投资报告》显示，在中国连锁酒店中端品牌10强排行榜中，亚朵酒店的规模及品牌市场占有率均排名第5，而2015年这个榜单上还未见亚朵的名字。

（二）遵循盈利导向原则，控制运营成本

在发展个性化、主题化的中端酒店品牌特质的同时，应始终遵循盈利导向，避免因为过度精品化和主题化的倾向而影响产品的复制和推广。全季酒店为了更好地复制和快速占领市场，并未在个性化上做太多文章，已成为目前国内发展速度最快的中档酒店品牌之一。全季在投资、服务、价格方面行"中庸之道"，主要做有限服务，提倡无特色、无惊喜、无设计的"三无"产品，做到功能优先、不彰显、不铺张、高品质，给消费者留出发挥自己个性的空间并利于产品的大量复制。全季的目标是以门店数量和盈利能力做中档酒店的第一品牌，以极佳的位置和高性价比做消费者最愿意住的品牌，以高收益率和RevPAR做加盟商最愿意加盟的品牌。全季因此实现了产品品牌化和标准化平衡发展的效果。

此外，中端酒店的良好发展离不开合理控制投资成本，亦即投资酒店的核心需求而非面面俱到。如港中旅于2016年推出了承袭英国酒店风格的中端酒店品牌睿景，其定位为"轻奢"，意味着优选服务项目，避免投入不菲而使用不多的游泳池之类硬件，重点加强酒店核心需求，如客房的舒适度、网络的方便使用、早餐的健康菜谱等，以减少不必要的投资，并为客人提供实惠的消费体验。

综上所述，中端酒店所处的定位对酒店管理提出更高的要求。要细分市场，明确产品服务于哪一部分的中档人群。要考虑目标客户的核心需求，定位要清晰明确且具有核心竞争力。最后，要在各种可能非标准化的酒店管理中，有效地控制运营成本。如此，中端酒店才能达到需求与投资成本的平衡点，走出一条品质化、品牌化、盈利化协同发展的最佳模式。

三、中端酒店品牌的收购

目前受经济大环境影响，国内的酒店市场利润正在不断压缩，单体酒店直销十分困难，人力、资源等各方面无法构成规模效应。企业只有处于市场的支配地位才能生存，因此，通过规模化、集团化降低运营成本成为酒店企业做强做大的必然途径。此外，酒店的发展依赖渠道。在互联网时代，大规模是酒店企业发展壮大的必要条件，收购也成为酒店企业掌握行业话语权的法宝。酒店业的收购与整合因此成为必然趋势。对于酒店投资来说，相比经济型酒店，中端酒店由于拥有良好的品牌形象塑造，消费者价格敏感性相对经济型酒店要小，品牌特色能带来较高附加值。相对高星级酒店，又具有开发成本和开发风险低的优势。因此，本土一些品牌借助收购加码中端酒店品牌，中端酒店成为城市开发热点。

2015年12月，如家快捷酒店宣布与首旅酒店集团达成合并的最终协议，交易金额总规模约150亿元，交易完成后如家并入首旅成为其全资子公司，从美国纳斯达克退市并相当于直接进入国内A股市场。2016年4月，首旅公告称对如家的私有化交易完成交割。从财报上来看，如家2015年第三季度总营收为18.56亿元，同比小幅下滑1.1%，但净利润仅为1.456亿元，同比大幅下滑40%。而作为经济型酒店关键盈利能力指标的RevPAR，如家在2015年第一季度就同比下降了5.5%。这个时候寻求资源整合，进一步降低管理成本，提高管理效率就成为如家的必然之路。此外，随着80后成为社会的主流力量，90后开始崭露头角，这一代人对于生活品质的要求开始发生微妙的变化，廉价已不再是消费时的第一考量，差异化的体验开始成为刚需，因此如家向中端的转型也体现了新时代服务升级的必然趋势。如家和首旅的交易在很大程度上开始改变中国酒店业格局，规模更大的如家给首旅带来的贡献显著，首旅酒店将如家旗下的如家、莫泰等五大品牌尽数收入，客房数量也跃升至35.2万间，成为国内第二大酒店集团。如家与首旅系将在品牌多元化、加盟模式和受益方式多元化等方面进行整合。未来如家和首旅酒店的整合中会大力发展中端酒店品牌。鉴于首旅系涉及主题公园、餐饮、景点、购物零售等上下游产业链各个领域，其也很看好未来嫁接这些资源打造顾客生态圈。然而，虽然如家和首旅的品牌定位差异化，有助于集团从经济型酒店到高端酒店市场的全覆盖，但如家旗下经济型酒店要提升品牌比较困难，首旅和如家在后台运作、品牌细分和客户群管理等方面会遇到整合难题。毫无疑问，未来酒店业还将出现更多巨头联合，而能否完成体系打通才是未来发展的关键。

锦江集团旗下上市公司锦江股份在 2016 年 4 月末亦发布公告称，公司拟以 17.488 亿元人民币收购黄德满先生持有的维也纳酒店有限公司 80%股权。尽管维也纳酒店在很早时便定位于中高端，然而随着经济型酒店转型中高端，使得中端酒店市场竞争愈加激烈。2007 年，维也纳酒店出让 23%的股份获得软银赛富的 1500 万美元 A 轮融资，另于 2010 年获得美国私募基金奇力资本 2000 万美元 B 轮融资。2016 年 2 月，维也纳称将很快引入约 3 亿元的 C 轮融资，并筹备股改，启动在国内的上市计划，预计于 2017 年完成 IPO，但此前资本市场的情况并不利于维也纳上市募资。因此，维也纳在 2014 年便开始低调转型，辞退 200 余名岗位冗余的中层人员，逐步去家族化，引进现代企业管理制度，梳理维也纳内部架构，并利用互联网元素提高估值。而维也纳在 2016 年被锦江收购则意在整合资源，充分发挥双方的优势，借力大锦江的全球布局与雄厚的资金实力做强做大。对锦江而言，收购维也纳可进一步补充锦江在中端酒店产品方面的布局，并且更有利于锦江进行规模化。维也纳作为国内中端商务酒店连锁品牌，在中端酒店领域有明显的规模及市场占有率优势。通过本次交易，锦江股份将有力地拓展有限服务酒店市场的服务深度和业务广度，区域布局更加广阔；品牌方面，维也纳已建立成熟的品牌体系，本次收购维也纳，锦江股份将进一步完善现有品牌体系，尤其是中高端有限服务酒店的品牌系列。根据美国 Hotels 杂志公布的 2014 年度"全球酒店集团 300 强"的排行榜显示，锦江的酒店客房量为 35 万，铂涛集团的客房量为 44 万，维也纳酒店的客房量为 3 万；在锦江完成对维也纳酒店的收购之后，锦江、铂涛和维也纳酒店组合而成的锦江系，酒店客房总量超过 80 万，超越希尔顿酒店的 71.5 万客房量，跻身全球第一。锦江通过并购的方式，达到其成为全球规模最大酒店集团的目标。本次收购使锦江股份的中档酒店市场占有率上升，会员数量及酒店业务资源进一步丰富，规模化优势更加突出，行业话语权和引领地位继续提高。然而，和首旅并购如家类似，锦江和维也纳也将面临并购双方管理方式和文化融合的挑战。只有融合才能够更好地发挥协同效应，使得规模化、连锁化发挥其真正的作用。

2015 年，港中旅集团的全资子公司港中旅酒店有限公司于 8 月 8 日出价逾 4 亿英镑收购英国大型酒店集团 Kew Green Hotels，成为 Kew Green Hotels 唯一股东，获得在英国的 44 家酒店所有权以及其他 11 家酒店管理权，成功进军英国酒店市场。这是中国企业迄今在英国酒店行业最大的收购项目。2016 年，港中旅顺势推出了承袭英国酒店风格的中端酒店品牌睿景，以长效发挥英国酒店管理运营优势，首家旗舰店香港湾仔睿景酒店将于 2016 年 11 月开业。近年来，酒店行业一直存在较大的经营压力，特别是受香港旅游低迷的影响，香港地区酒店业绩更难逃下滑。港中旅集团近日公布的 2016 中期报告数据显示，酒店业务的营收合计 3.45 亿港元，较上年同期下滑 6%；应占利润 0.38 亿港元，同比下滑 24%。港中旅表示，城市酒店尤其是港澳酒店受大的经济环境、酒店装修和港澳入境游人数下降影响，收入和利润均有所下降，拉低了旅游目的地业务整体业绩。此前港中旅的酒店品牌以高端酒店知名，如维景国际和维景，而中端品牌缺乏。由于中端市场大有可为，港中旅此次得益于收购之机推出睿景，补充了品牌系列，可视为维景国际和维景的向下延伸，睿景的推出也标志着港中旅正式入局中端酒店的市场角逐。睿景酒店突出"优雅、精致、奢华"，英伦格调十足，可视为轻奢精致之选。每家睿景酒店都处于城市的核心地带，在这里会感受到纯正浓烈的英国文学氛围，观赏历久弥新的英国传统艺术品，领略到来自时尚之都的英伦潮流。睿景的轻奢定位亦表明其优选服务项目，有助于优化客人体验和减少投资。目前中端酒店已成为市场风口，吸引了国内外一众品牌抢夺，但也出现了同质化、定位不准确等弊病。睿景酒店定位为轻奢，显然是希望走差异化路线错峰竞争。但在品牌林立的中端市场，港中旅仍需要面对多方竞争。

四、国际中端酒店战略联盟

近年来，许多国际连锁酒店都在努力拓展他们在中国市场的版图。尽管海外巨头在华发展高端酒店有其管理优势，但发展中低端酒店时会遭遇水土不服，难以与本土酒店品牌竞争。在中国中端酒店市场，尽管本土品牌已占据优势，但相较于已趋饱和的低端市场来说，仍存在较大空白。因此，国际酒店品牌纷纷通过战略联盟，与本土合作伙伴联手建立合资企业来争取中端酒店市场的份额，以助力其中端酒店品牌在中国的壮大和扩张。而对本土酒店而言，经过三十年的发展，中国酒店业逐渐由成熟期进入快速发展期，大连锁、大品牌、国际化是新的趋势。伴随着中产阶层的壮大，消费需求的细化，旅游全球化的交融，品牌想要做大做强，必须要打破区域界限，去跨界跨地区强强联合，通过与国际酒店业者的合作走向国际，并向对方学习管理经验。此外，经过一轮轮白炽化的市场竞争，酒店业市场所需要的不再是弱肉强食的生存法则，更需要一种"长板齐发"的良性竞合关系。在行业发展趋缓的当下，酒店业开始自发地寻找伙伴结成联盟、抱团取暖，以有利于未来大数据库的形成，以及在构建统一采购平台、整合上下游供应商、酒店智能化推广和管理人才培训等方面挖掘新利润点。因此，中西酒店集团合璧抢占中国酒店业中端市场已成趋势。

2014年10月，铂涛与希尔顿全球签署独家合作协议，引进中端酒店品牌希尔顿欢朋，其品牌、产品、会员体系、运营都是双方共同定义，由铂涛集团全面操作欢朋酒店在中国的市场运营。这样的合作模式确保了希尔顿欢朋核心产品与服务精神的一致性，以及酒店产品能够顺利实现本土化、适应中国市场的特点。希尔顿和铂涛的合作首先是基于二者在消费者服务理念上的高度一致性。希尔顿欢朋酒店秉承"F. A. C. T"——"Friendly、Authentic、Caring、Thoughtful"（友善、可靠、关怀、周全）为品牌核心价值，全面阐述了其品牌以服务为主的核心理念，旨在强化卓越服务，在进入中国市场后也全面体现这一服务理念，并承诺100%满意保证，体现了其对自身服务品牌及服务理念的坚持与信心。这一点与铂涛集团推出的"不爽就免单"体验式服务理念不谋而合。共同的服务理念成为希尔顿全球与铂涛集团走到一起的基础。其次，希尔顿看好铂涛集团对中国市场的运营把控能力。另外，铂涛会员人数已突破8000万，而希尔顿荣誉客会也在全球各地拥有超过4000万高忠诚度的会员。双方强大的会员体系也为二者的携手合作奠定了基础，通过彼此共享会员系统，构建双方共同的行业生态圈，合力制衡OTA等在线渠道，维护酒店直销、会员渠道及健康合理的价格体系。希尔顿欢朋在中国的目标客户是商旅人士和亲子家庭。此次合作，在希尔顿全球的授权和配合下，铂涛集团将欢朋品牌进行了重新定位和升级，以更加契合中国日益蓬勃的中端酒店市场，旨在升级酒店品质和追求品位上的精益求精：舍弃了以往星级酒店使用率低且拉低酒店整体盈利水平的配套设施，仅提供会议室、健身房等具有较高使用率的服务配套设施，把更多投入放在客人的核心入住体验上。希尔顿欢朋品牌的核心价值观（友善、可靠、关怀、周全）体现在其产品设计端的细节中：智能化的客房内灯控系统、可移动的办公桌、搭配高端人体工学座椅和LED护眼台灯、可折叠的沙发床及儿童洗浴用品、避免小朋友在玩耍时碰伤的圆角设计床，等等。

2014年12月，雅高宣布和华住签署长期战略同盟协议，携手开拓中国酒店市场。双方互相持股，华住将持有雅高旗下在华奢侈及高端品牌业务10%的股份，雅高将持有华住集团10%的股份，并获得一个华住董事会席位。此外，华住还将成为雅高在中国大陆、中国台湾和蒙古国的独家加盟商，代理雅高旗下宜必思（IBIS）、美居（Mercure）等多种品牌酒店。华住与雅高的联盟亦是基于二者拥有许多共通点：多品牌战略、强大的分销网络和忠诚的客户平台。在此基础上，华住广泛的业务覆盖、出众的本土口碑和强大的市场开拓能力，雅高国际公认的生活方式品牌、强大的全球分销体系，使二者的联盟不仅对中国酒店业的格局产生巨大影响，也将提高各自品牌在国际上的竞争力。通过与雅高的联盟，华住在国内的高中低端市场已经拥有禧玥、美爵、漫心、诺富特、美居、全季、星程、宜必思尚品、宜必思、汉庭、怡莱和海友酒店，整合了全球优质资源，实现了市场的全方位覆盖。市场全方位的覆盖，不仅为华住在国内市场中添加了一个重量级砝码，也成为华住撼动国外市场、走向世界的一个新起点。

2016年2月，万豪国际集团与东呈酒店集团签署发展协议，在中国内地市场推出"万枫"酒店品牌。根据该协议，东呈预期在五年内开发140家万枫酒店，其中100家将于2021年前开业。在中国中产阶层可支配收入不断增长、消费型经济不断发展的大背景下，万豪看好中国市场的巨大发展潜力。此次合作是万豪进军中国市场的一个里程碑，显示了万豪看好中国市场、进一步拓展中国市场的意愿。万豪国际集团本身就拥有19个品牌，其中进入中国市场的中端酒店品牌，放眼看去也只有万怡一枝独秀。在中国中端市场这块大蛋糕上，万豪国际集团需要有一个合适的盟友。而东呈做大做强之心早已有之，自2014年11月6日集团成立以来，东呈就相继推出了怡程、宜尚两个中端品牌，可见东呈发力中端市场的决心和动作。此次万豪与东呈的合作无疑成为中国中档酒店行业一个重要的里程碑，双方在很多方面将进行无缝对接，其合作模式是：由万豪方面输出万枫品牌，经过培训后，由东呈进行开发和管理，即万豪把控品牌标准和设立，东呈管理和发展万枫酒店。对于万豪这类几乎在华仅发展豪华酒店的业者而言，其授权东呈以特许经营的方式在中国内地市场发展万枫酒店无疑是一项突破，双方的预订系统和会员也将对接和共享。万枫缘起位于美国弗吉尼亚州的万豪家族农场万枫庄园，庄园设计舒适，以热情的服务著称，宾客们在此休闲放松，享受农场家宴。"万枫"酒店秉承了庄园踏实好客的核心理念，坚持传统及优质的服务，其在中国的室内设计将采用温暖的大地色系、历久弥新的天然材料和西方现代风格，提供智能灵活的公共空间、宽敞的客房、舒适的工作间，处处彰显品牌特色，为中国区内的新市场呈献美国传统文化。随着我国中产阶层的不断壮大和消费升级时代的到来，万枫酒店品牌这种凝聚着浓厚品牌价值文化，产品设计和调性都彰显出与时俱进价值观的酒店产品，或将成为聚焦生活方式、追求生活质量的中产阶层的首选。

无疑，品牌只有自己做大做强了，才有资格去选择与被选择。未来将会有更多中西酒店集团牵手合作，而无论合作模式和合作目的何在，酒店品牌都必须具备核心竞争力，才能在未来竞合关系中占据有利位置。

第三节 案例分析："睿景"酒店品牌

从市场调查结果看，时下中端市场已成为酒店产业竞争的主要领域。中端品牌酒店的发展方向应该重点考虑以下几方面。

一、需求导向，跟着消费者走，或者引领消费潮流

"睿景"酒店品牌发布会上提出，时下消费者越来越年轻化，市场上针对新锐

消费者的产品也是频频涌现，当下的消费者最需要的旅行以及酒店需求是什么？

结合"睿景"出现的大背景，我们认为，从产业看，中国旅游投资的全球化时代开始了。在2015年以来的美团与大众点评、滴滴与快的、携程与去哪儿等为代表的重组潮、投资潮之后，中国企业看准海外旅游市场，开始收购海外旅游资产，打造全球旅游服务体系。中国旅游集团公司总部的专题讨论会，也提出"十三五"目标的重点，就是要打造中国人的全球生活服务体系。这个体系由中国旅游集团打造，既有线下服务体系的基础，又有国家战略的支撑，能够很好地解决当前旅游产业存在的品牌与体验的尖锐矛盾。

从消费看，我国酒店需求经历了社会旅馆、星级酒店、品牌酒店和非标酒店或生活方式酒店等阶段。在非标酒店发展阶段，主题酒店无疑是消费主流。具体什么是主题酒店？就是提供生活方式（全球生活，无论是引进，还是"走出去"）的酒店，是提供旅游体验、提供旅游专家服务的酒店。

尽管Kew Green和"睿景"在中国市场都是崭新品牌，但其品牌基因是英伦风，其兄弟品牌有假日、皇冠。二者可以成为中西桥梁，这种文化生活有市场。其提出轻奢、中端等市场定位，提出成为"住得起的奢华酒店"。以前该品牌是打造让大众享受得起的精品，现在是奢侈，这无疑是一个大市场。"睿景"主打绿色，是年轻人的选择，其潜力值得期待。

二、为消费者创造价值

"睿景"发布会提到，随着现代社会的发展，我们可以看到旅行的意义对消费者越来越重要。在今天，酒店已不单单是旅行的休憩之所，其本身也成为旅行的目的地之一。酒店如何才能更有感染力，增加消费者在旅途中的感动与回忆？

确实，酒店在旅游产业、旅游地的中心位置越来越明显。我们每年出版的《中国旅游住宿业发展报告》，把酒店定义为目的地活动中心，酒店会逐渐演化为一个小型目的地，甚至是相对独立的目的地，或全球旅行服务体系，例如铂涛、六善、悦榕庄、地中海俱乐部等。从旅游业发展趋势的现实来看，据香港媒体5月20日报道，港中旅执行董事及总经理许慕韩表示，集团继续研究出售非核心及不赚钱的资产,如海泉湾项目,出售的收益将用作投资发展城市旅游目的地、自然人文景区目的地及休闲度假区目的地。

旅行本身没有意义,需要我们赋予其具体的内容。一是"供给侧"的服务和产品要给力,要发力。"睿景"品牌提倡的非凡(unordinary)这个消费者(市场)定位,产品和服务定位切合当前旅游消费成熟之后的市场趋势。它也提出能够在一个停留住宿的地方,品味英伦色彩,以此为底色,获得发现感、久违感,感动平凡旅程,使平凡旅程不平凡。二是要融入、增加更多的价值,在"旅游+"的战略之上,实施"酒店+"战略。"睿景"也提出不只是酒店,还要加上时尚、健康、艺术、骑行、社交、电影,与多元生活串联,感知世界人生、人生世界。三是要让中国的老百姓实现"走出去""看世界"的愿望。我们特别注意到,从收购透露的信息看,此举也是通过酒店开展旅游业务。

三、选择好的品牌元素

"睿景"酒店品牌主打英伦格调,这个旅游元素在世界上是很突出的,品位、亲和力、感染力都很好。理解英伦格调与英国酒店文化,从直接感受来看,英伦的格调是大家或多或少了解的,例如维多利亚风、绅士、淑女……我们必须承认,近现代以来,英国经济、文化等领域创造了人类历史的辉煌,至今仍然影响我们每一个人。欧洲古典的、现代的文化,在英国体现得最充分。在欧美,如果说美国代表商业,那么英国代表文化。英国的旅游产业是我们的必修课。现代旅游业也诞生于英国的工业化时期,托马斯·库克旅游集团仍然是当今旅游企业的标杆,不仅是企业敢以企业家名字命名,而且其企业文化至今仍然难以超越。英国的酒店文化也独具一格。我们在英国考察的时候,最佳西方、丽思卡尔顿、假日、乡村、田园等酒店的规范考究、深厚底蕴令人印象深刻。当然,住宿期间的餐饮、聚会、社交等服务项目也令人耳目一新,仿佛回到学生时代介绍英国的课本里,Dinner 的活动与 Supper 确实不同。英国酒店都离旅游景点、博物馆等很近,参观很方便,步行、骑行就能到达。

从研究文献来看,英国向世界旅游业历史贡献了迄今为止最好的旅游产业文化、旅游企业价值观。我们过去由于发展阶段相差较大，研究上很少关注英国、欧洲的旅游业特别是酒店业。目前，英国的酒店业发展到了一个比较新的阶段，这就是我们重点学习、合作的对象。借助中国酒店业、旅游业进军英国的契机，要加强这方面的总结、研究和开发应用工作。

四、做品牌，更要做产业

"睿景"品牌有市场，有文化，也有产业价值，可以把中端酒店创新推向新的高度，我很期待其能够实现这些潜力。目前已经完成了投资合作等基础工作，作为行业研究者，特别是近年专门关注中国旅游投资全球化的研究者，我们认为从投资角度看，这是今年旅游投资的大事件，不仅从新闻报道上，从行业观察看也是如此。自从上个月港中旅与国旅重组成立中国旅游集团公司以来，这个合并后的产品发布会将再次引起业界特别是研究界的关注。"睿景"这个品牌的收购规模，相当于2015年中国海外旅游并购的5%，这个规模是巨大的。从品牌看，这次品牌创新活动具有标志性意义，正如发布会提到的 Let us make it Kew Green 2016。作为国有企业的中国旅游集团公司，从跟进战略到引领战略，其做法值得赞赏。期待"睿景"成为我们自己的世界品牌，期待中国旅游集团公司带给我们更多新消息。最后我想说，"睿景"要成为一个现象级的品牌，并且有这个潜力，产学研合作和成果发布会是必不可少的基础。

第六章
分享经济在旅游住宿业(一)：
行业概况

度假租赁业理念起源于美国，主要是指将有家具的公寓、别墅，或由专业公司管理的酒店公寓作为对传统住宿业的补充，出租给游客的一种住宿形式。度假租赁产品以私有房产为主，这样的房产具有存量大、范围广、独特多变的特点，主要表现为民宿客栈、度假公寓、家庭旅馆。在欧美市场中，来自度假租赁住宿产品的营收占到整个住宿市场营收的40%左右。而中国度假租赁业刚刚起步，发展潜力巨大，尤其休闲度假市场的崛起，更是为度假租赁市场发展提供了强劲的动力。据艾瑞统计数据显示，中国在线短租市场在2012年加速起步，市场规模为1.4亿元，2015年超过105亿元。

第一节　度假租赁业的发展模式

一、度假租赁业的商业运营模式

作为非标准住宿资源的度假租赁业目前发展势头强劲。度假租赁创新了住宿业的商业模式和发展模式，度假租赁商业模式多样，盈利方式也各不相同。

众多度假租赁企业在盈利点和运营管理上有些差别，但主要的商业模式大体相同，基本上以"互联网在线服务+客房租赁"为商业运作模式。具体为：①搜集和利用酒店等传统住宿业态之外的空置房源；②紧跟当前家庭、朋友组团出游等新兴度假旅游趋势，提供配备有厨房、客厅、房客洗衣、做饭等个性化需求的设施和服务，客户群更多的是白领、学生等，以外出旅游、聚会休闲、学术学习等居住需求为主，兼顾求职、求医、探亲、培训等过渡性住宿需求；③产品组合更加自由、多元，分散在各地，从沙发、帐篷、营地到民宿、客栈、公寓、度假屋、配备游泳池的别墅等，能够满足不同层次的消费需求；④依托互联网在线服务平台广泛开展

C2C、B2C 和 O2O 等商业服务。

国内外经营短租业务的度假租赁企业在盈利点和运营管理上有所不同。综合起来，国内外度假租赁企业的商业运营模式大致有如下四类（见表 6-1）。

表 6-1　国内外度假租赁企业的商业运营模式对比

模式	类"淘宝"模式	在线 C2C 服务管理模式	类互联网酒店管理公司	非标住宿服务生态系统
代表企业	Airbnb、小猪短租、蚂蚁短租	HomeAway 木鸟短租 住百家 第六感别墅度假	途家网	去呼呼
运作模式	佣金管理：与"淘宝"模式有很大的相似性，为房源发布者以及租房者提供一个信息发布和交易的平台	类似资源整合的中介：通过在线平台连接房东和游客，同时整合第三方平台资源为房东、房客提供全方位服务，进而使多方获益	一方面，帮房东打理房子，按比例分享房租收入；另一方面，代理客户管理物业，通过提供增值服务来获利	不从事自营业务，只以平台方式运作，不直接涉足房源运营和管理；无搜索功能，通过个性化筛选，让用户挑选房间
房源处理	鼓励个人闲置房源上传并出租	酒店式公寓为主，多是公寓或私人度假屋	有自营房源但比例较低，房源大多由公司亲自控制，统一装修，统一管理	由个人业主、房源承租者或商业机构提供的个性化住宿选择
盈利方式	向房东和房客收取交易佣金	房屋信息展示收费（主体）+广告费+第三方合作分成	房租分享+托管增值	向个人业主收取平台交易佣金、智能门锁管理费等费用
相对优势	房源分布广，价格相对便宜，注重社交和文化	网站信息量大、全方位服务、房源分布广，价格相对便宜，注重家庭度假	优质房源保障，线下高标准服务，性价比高，注重居家体验	产品多样化，服务智能化

二、住宿业类"淘宝"模式

Airbnb、小猪短租等与"淘宝"模式有很大的相似性，即佣金管理。小猪短租主要是为房源发布者以及租房者提供一个信息发布和交易的平台,靠平台运营、佣金来盈利。

(一) Airbnb

Airbnb 是一个全球性的度假租赁在线运营商,成立于 2008 年 8 月,总部在美国加利福尼亚州的旧金山市。目前,Airbnb 在全世界 190 多个国家、34 000 个城市,拥有 150 万个房源,年接待房客达 8000 万人以上。Airbnb 的运营优势在于每个人都可以在 Airbnb 上发布并出租自己的房间,为自己和房源创建个人和房源资料,为房源选择价格和可租状态,以及创建住宿指南;并且它专注于开发具有"社交和文化"特色的体验产品,可以同时聚集社交、文化、视觉、艺术和情感等诸多体验元素。与 HomeAway 不同,Airbnb 侧重于 P2P 模式的公寓租赁,鼓励个人房东出租其公寓或闲置房间,然后从房东与租客交易中抽取佣金。自 2011 年 Airbnb 并购一家德国在线租赁商 Accoleo 以来,Airbnb 进入了扩张期。2012 年 Airbnb 在全球布点 6 个办事处,包括巴黎、米兰、哥本哈根、巴塞罗那等,2012 年 9 月正式进入澳大利亚市场,2013 年在柏林成立了欧洲总部,并在同年强势进入亚洲市场且将总部设立在新加坡,2015 年在美国撤销对古巴制裁的契机下,宣布进入古巴市场。2014 年,中国出境游客中使用 Airbnb 的用户增长高达 70%,增长幅度位居全球首位,未来 Airbnb 也将把以中国和日本为代表的亚洲市场作为发展重点。

根据 Airbnb 官网报道,Airbnb 在全世界 190 多个国家 34 000 多个城市拥有 200 万个以上房源,6000 万个房间。与 HomeAway 不同,Airbnb 侧重于 P2P 模式公寓租赁,鼓励个人房东出租其公寓或闲置房间,然后从房东与租客交易中抽取佣金,向租客收取 6%~12% 的服务费,同时向房东收取 3% 的服务费。这种简单的商业模式在 7 年的发展中却迸发出了惊人的增长速度,据 2015 年 7 月最新消息称,Airbnb 完成了第七轮 15 亿美元的融资,最新一轮估值达到 255 亿美元,成为仅次于 Uber、小米的全球估值第三高的科技创业公司。2015 年 8 月 18 日,宣布正式进入中国市场。2016 年 6 月,Airbnb 从摩根大通、花旗、美国银行和摩根士丹利获得了 10 亿美元的债务融资。

Airbnb 能在短租市场中拥有今天的地位,主要源于企业精确的市场定位和惊人的服务。首先,Airbnb 专注于产品的"社交和文化"体验性,该平台集合了交易、社交、文化、视觉、艺术和情感等诸多元素，并将产品定位于高价酒店和低价沙发客（couch surfing）之间的空隙选择，当其还能提供一种听起来"又熟悉又温馨"的居住体验时，人们的确愿意尝试这种全新的居住方式。在新时代消费观念和 Airbnb 产品理念的引领下，人们逐步开始强化信任并学会分享。当挑选旅行途中的住所时，大家会重点关注房东的自我介绍及住客对房东的评价，也会在预订之前和房东互相留言交流；会因为房东与自己从事同一种职业而选择，会因为自己带着孩子旅行而特意选择一个有同龄孩子的家庭租住。住宿选择不再单纯被星级、价格和地理位置所影响，更多的会因为社交因素、彼此的"人性"因素所影响，这就是 Airbnb 所基于的社交。与其说 Airbnb 完美地将交易与社交两者结合，不如说它是这两者结合而生成的。在一定程度上，Airbnb 并不是单纯地在经营度假租赁产品，而是在经营人与人之间的信任，在进行情感病毒的传播。

其次，Airbnb 根据其产品定位精心设计产品和服务，紧盯新时代下人们消费观、付费倾向由物质或品牌本身上升到精神和文化层面的风向标，利用平台将"文化、视觉、人性"等完美渗透在其产品细节和运营细节中。公司围绕户主和租客开发了包括"浏览最佳场所""结账退房""迎客服务"等在内的"Airbnb 理想之旅"；还按照租房的不同阶段来规划团队和运营管理以提供最佳体验；公司会为每一个初次加入团队的住户委派专业的摄影师，拍摄摄人心魄的照片；会为房东制定细致的房屋保障计划，为房源提供高达 100 万美元的保险。

Airbnb 在中国市场的发展状况不容乐观。Airbnb 在中国的房源数量仅占全球 200 万房源的 1.5% 左右，即 3 万多家，一线城市以外的房源数量屈指可数。由于文化背景不同，在 Airbnb 网站上，与房东的沟通主要靠电子邮件，而与电子邮件相比，中国人更喜欢通过即时通信手段提问或接收各种问题，并期望得到最快的答复。很多中国用户将 Airbnb 在这方面的滞后性与"假房源"甚至更多诚信问题联系在一起。Airbnb 在中国市场起步较晚，2015 年才进入中国市场，而一批本土性在线租赁企业在 2011 年就已经开展业务，Airbnb 面临着激烈的市场竞争。Airbnb 在中国也面临着监管方面的问题，短期租赁行业在中国还很"年轻"，因此该行业所涉及的安全系统及税收之类的规范还尚未明确。

（二）小猪短租

小猪短租靠平台运营、向房东收取交易佣金来盈利，涉及具体房源资产较少，经营风险相对较低。其主要是为房源发布者以及租房者提供一个信息发布和交易的平台，房东有一个沙发、一个房间都可以进行出租，房客则通过平台搜寻合适的房源。

在小猪短租发展的第一阶段，主要是寻找已经在做短租业务的职业房东，把线下的业务搬到线上，即O2O模式。小猪短租的第一批房东是从自己和身边的亲朋好友做起，致力于打造具有"人情味"的商业价值。小猪短租的负责人认为，如果推广生活方式，最好的方式是人脉、口碑和案例。第二阶段，小猪短租真正开始探索P2P（个人对个人，Peer to Peer）模式，即寻找个人房东，让个人房东成为房子的提供者，开发闲置房源，甚至房东和房客住在同一间屋子里。2013年5月开始，小猪短租网启动"让陌生人住进家"全国招募10 000套沙发活动，该活动是小猪短租启动个人房源的拓展。由于小猪短租致力于将职业房东的短租公寓变成个人闲置资源的出租，因此其更贴近分享经济的本质，在使用的性价比与住宿体验"人情味"方面更具优势。

在小猪短租网站的房源列表页上，一套完善的运营规则决定着房源排列的先后顺序，并且这一结果只能受房源质量、房东服务质量、房客点评情况等因素影响，无法人为干涉。平台上那些得到认可的房东则会更加容易地被房客搜索到，进而得到更多订单；而小猪短租平台则能够确保始终向市场提供优质供给；同时由于房客和房东的互评机制，房客的行为也能得到一定的约束。

小猪短租成立于2012年，2016年改名为"小猪"，企业理念也由最初的"有人情味的住宿"改为"居住自由主义"。它是国内最早依托于分享经济，为用户提供短租住宿服务的互联网平台，是中国房屋分享经济领域的代表企业。

通过将线下房屋短期租赁的商务机会与互联网结合，使互联网成为线下交易的前台，小猪致力打造一个诚信健康的生态系统。房东在平台销售短租房源，即提供好的房源与服务；租客则在线上预订购买，线下消费，入住体验后对房源及服务进行评价。在整个预订交易的过程中，小猪短租会全程扮演裁判的角色，更好地保障用户体验，充当房东与租客间的担保方。

小猪目前拥有超过 80000 套房源，遍布全国 250 多个城市，在超过 20 座城市设有办公室。小猪的房源多样、丰富，既有普通民宿，也有隐于都市的四合院、花园洋房、百年老建筑，还有各种别具匠心的绿皮火车房、森林木屋、星空房等。尤其 2015 年上线的神农架隐居作家小院、最美女排国手的花店住宿、著名导演的胡同四合院等，引发了国内"诗意地短租"的潮流，越来越多媒体人、艺术家、自由职业者成为小猪房东，小猪正成为住宿生活方式变革的引领者。

目前小猪的营销开始走情怀路线，进入"攒口碑阶段"，比如 2016 年 1 月初推出的"城市之光"住店住宿计划和乡村美宿计划，使小猪拥有兼具特色与人文情怀的房源，并将分享经济之美提升到新的高度。

（三）蚂蚁短租

蚂蚁短租公寓民宿在线短租平台成立于 2011 年 11 月，总部位于北京，致力于为休闲度假旅游提供高性价比的公寓、别墅、木屋等特色房源，配备厨房、客厅等设施，可满足用户洗衣、做饭等需求，是家庭出游新选择。经过多年发展，蚂蚁短租在中国 300 多个城市及旅游目的地，拓展超过 30 万套房源。2013 年，蚂蚁短租从赶集网业务拆分，独立运营。2013 年，获得优点资本、蓝驰创投、红杉资本千万美元 A 轮融资。蚂蚁短租的盈利模式主要是交易佣金，收费来源是向房东收取成交额 10% 的佣金。

房东免费发布房源，提交房源基本信息、标注价格、上传照片等房源信息。可通过蚂蚁短租在线留言系统与有意向的房客沟通交流，等待房客提交预定请求。确认房客预定订单，蚂蚁短租平台会收取定金并发送双方详细的联系方式，方便交流。房客成功入住后，若房客只在平台提前支付了定金，余款由房客直接线下支付。房客也会对入住体验进行评价，评价越高，房间在蚂蚁短租的排名越高。

房屋整租是蚂蚁短租主要的租住形式，整租也是更加符合大众心理观念与实际需求的短租模式。"一套房解决家庭出游所有问题"，蚂蚁短租会鼓励房东为房客的当地游提供向导服务，从本地人的视角为其规划最佳的旅行线路。另外，现在在蚂蚁短租平台订房的房客还可以直接购买热门景点的门票，享受"一站式"服务。

蚂蚁短租为了进一步提供更多优质的房源，加强房东与房客的信任度，特别推出了"优质住宿计划"房屋评选活动与"100%安心入住房客保障计划"。对于一些热门的旅游城市房源，平台还会派出专员进行实地考察，以保证房屋品质。从房源品质、房屋设施、房东服务3个维度对共计30多万套房源进行筛选，将其中20%的优质房源选出来，打上"蚂蚁优选"和"蚂蚁精选"的标签，用户在选房时可以直接从这里面选，非常方便。

蚂蚁短租之前是赶集网旗下本地生活化的一个拥有独立域名的特色短租房网站，是赶集网试水O2O模式、二次创业的一个项目。是中国领先的开放式的超值、特色短租房在线交易平台。

经过多年发展，蚂蚁短租在中国300多个城市及旅游目的地，拓展超过30万套房源。房源主要来自个人，但也有部分来自于酒店式服务公寓、旅馆、客栈。客人可以通过网站、手机、平板电脑多种渠道预订，更有本地房东做向导，可以像本地人一样旅行。用户可以在本地房东的推荐和引领下，品尝特色美食，了解历史文化，游览自然风光，获得最地道的旅行体验。凭借一流的技术和成熟的服务，蚂蚁短租已成为中国最值得信赖的房屋分享平台，任何人都可以将闲置房屋分享给来自各地的旅行者，获取收益，结识新朋友。充分满足旅游、度假、差旅、探亲访友、考试求学、寻医问药等各类中短期住宿需求。

为了保障房客和房东利益，蚂蚁短租率先推出针对房客的"100%安心入住房客保障计划"和针对房东的"房屋财产房东保障计划"，实现了信息真实、入住保障、安全支付、到店有房，推动中国短租行业健康发展。

三、在线C2C服务管理模式

在线C2C服务管理模式，类似资源整合的中介，通过在线平台连接房东和游客，同时整合第三方平台资源为房东、房客提供全方位服务，优化资源配置，进而使多方获益。

（一）HomeAway

度假租赁理念起源于美国，第一家独家房屋租赁在线服务提供商就是HomeAway，它是一家专门提供假日房屋租赁的在线服务网站。HomeAway公司成立于2004年，于2005年开始运营。短短几年时间，HomeAway通过一系列收购战略操作，已扩展为全球最大的假日房屋租赁在线服务提供商。目前，HomeAway 在全球 190 个国家拥有超过 120 万个假日租赁房源，共运营包括 11 种语言的 31 家网站。具体来说，HomeAway 旗下拥有并运营着美国市场上的三大主要度假租赁平台 HomeAway.com、VRBO.com 和 VacationRentals.com，还有面向不同国家的区域性网站，如英国的 OwnersDirect.co.uk，澳大利亚的 Stayz.com.au，面向亚太地区的短租网站 travelmob.com 等，同时还运营着全球最大的 bed-and-breakfast 预订平台 BedandBreakfast.com。

HomeAway 更加注重家庭度假，目前的业务主要是采用 C2C 模式，公司大部分营收来自房屋信息展示收费，还有一小部分来自广告费和第三方合作分成。其具体业务内容如表 6-2 所示。

表 6-2 HomeAway 的服务（合作）对象和主要业务内容

服务（合作）对象	业务内容
服务卖方： 房东或地产经理人	收费项目： 租赁信息展示（主要收入来源）； 展示效果提升增值，如跨平台展示、分级定价等； 地产管理软件（管理客户和地产） 免费部分： 网站流程管理软件； 表格式咨询信息； 房东和地产经理社区
服务买方： 游客	全部为免费服务项目： 信息查询服务； 审查新、老房源信息的真实性及合法性； 为游客提供购买服务保障，游客权益受损时优先补偿其经济损失； 房源信息评价（针对购买过服务的游客）； 手机网页和应用
第三方合作	收费项目： 广告展示 合作项目（以收入分成为主）： 提供旅游保险； 报税退税服务； 房屋损坏保护； 依托第三方数据中心保存用户数据

资料来源：公司官网。

与一般酒店预订类网站平台相比,HomeAway 的特色是:其房源多是公寓或私人度假屋,几乎全部配套有厨房和全套家居设备,有些甚至自带花园和游泳池。HomeAway 期望使游客在旅途中享受到家的舒适和温馨。由于动用的是闲置房源,因此具有更私人、房屋空间更宽敞、价格相对便宜等优势。也是基于此,部分房屋可能有最低入住天数,如 2 天起订等,对多人旅行度假来说更为适合。公司"有了 HomeAway,何须 Hotel(Why Hotel when you can HomeAway)"的口号,在一定程度上印证了其"改变酒店市场,为人们出行住宿提供更多选择"的意图。

截至 2014 年初,HomeAway 已经发展成为全球最大的假日房屋租赁在线服务提供商,在全球 190 个国家拥有超过 50 万个假日租赁房源,拥有 1500 余名员工,其中超过 600 名员工在美国境外工作。目前,HomeAway 向全球旅客提供了 50 个服务网页,涉及 21 种语言(英语、法语、西班牙语、德语等),游客可以根据自己的实际情况来选择任意网站登录。

(二)木鸟短租

木鸟短租是北京爱游易科技有限公司旗下独立运营的短租房、日租房在线预订平台,于 2012 年 5 月正式上线。

根据木鸟数据可以看出,经过近四年的发展,目前木鸟短租已经在全国 396 个城市开通了服务,拥有 30 万套房源。在房屋类型选择上,木鸟短租结合地域特色文化,囊括了民宿、度假公寓、客栈、四合院、海景房、主题房、窑洞、蒙古包等。丰富多样的房源让客户享受到有别于酒店的不同感受,另外,房间的高性价比也大大地节省了客户的出行成本。当前,木鸟短租上面 65% 的房源来自个人和"小 B",而这部分中又有 35% 的房源来自个人。2013 年 1 月 1 日,木鸟短租正式发布 iPhone 和 Android 短租房客户端,成为全球首个同时在 iPhone 和 Android 双平台上提供找房、电话订房的短租平台。

在商业模式上,木鸟短租以 C2C 模式为切入点,平台作为第三方对接房东与租客,房东通过认证的方式上传自己的房屋信息,由木鸟短租线下人员进行上门考核后上线,供租客挑选。现阶段,木鸟短租的主要盈利模式是:收取成功交易订单的 10% 佣金。关于未来的产品发展,木鸟计划以房源为中心,拓展更多周边生活业务,例如房主提供给房客的景点门票、租车等增值服务。除此之外,木鸟也在积极探索尾房模式（夜间还未租出去的房子进行特价租房）和短租 C2B（短租抢单）模式，以丰富自己的业务。

木鸟短租尝试做了以下很多本土化的改进措施。

安全信任方面：仿照酒店管理系统，房客房主双方身份经由系统验证，直接和公安系统联网；鼓励房东安装智能门锁，对房客进行身份验证；木鸟短租与太平保险公司进行合作，用户下单后将同时在太平保险的后台生成保险订单，保障用户和房东的人身安全及财产安全；双向点评，木鸟短租依据平台累计数据建立房客和房主的双向点评机制；实现支付闭环，双方交易在线上完成支付，而线上支付背后都是绑定的银行卡，银行卡背后绑定的都是真实信息。

房源拓展方面：木鸟靠自己的 BD 团队去挖掘更优质的房源，若是房主上传的房源，在木鸟短租运营的主要城市都会由线下团队进行审核；线下运营团队会帮助房东做房屋改善，主要从安全、卫生两方面着手；木鸟搭建一种弱社交关系，鼓励房主上传生活照，房客入住前可与房东在线聊天，了解房东的兴趣爱好。

（三）住百家

住百家成立于 2012 年 3 月，目前拥有覆盖全球 60 多个热门城市及地区的数百套房源，房源种类从普通公寓到特色欧式城堡等均有涉及，在海外拥有 1000 多名当地兼职人员，7×24 小时全天式无缝服务，是海外短租品类的第一。

住百家将自己定位于 C2B2C 模式。不同于传统的 B2C 或 C2C 模式，住百家是介于两者间的 C2B2C 模式：在房源获取端采用 C2C 模式，与房东直接达成协议，提供可销售房源；同时承担 C2C 模式中信息对接、交易撮合、渠道搭建等功能。而在后端比较倾向 B2C 模式，对房源进行筛选，通过严格品控体系，让房东与用户更安心，为用户提供更多选择和多重保障。

（四）第六感别墅度假

第六感别墅度假是专注于海外精品别墅和公寓的短租平台。在 160 个海外目的地拥有 2061 套物业。第六感别墅的房源都是来源于私人别墅，更强调私密与个性化，能满足客户在不同场景下的需求。同时提供 7×24 管家服务，以及司机、厨师、佣人、保安等人员的服务，给客户尊贵豪华的体验感。除了现有的线上销售渠道之外，第六感别墅度假还在尝试线下体验店的设计。如何更有亲和力地直面消费者，提升用户体验，使品牌形象更鲜明是第六感别墅度假一直不断尝试的目标。线下体验店更容易加深用户对目的地和备选产品的理解，从而增加选择、预订的可能性。

C2C 模式中，房客能不能遇到好房东和房源全凭运气，而在 C2B2C 模式中，这个 B 的作用就是建立两个 C 之间的信任感。第六感别墅的定位就是供应方和需求方中间的 B，来解决信任问题。

（五）游天下网

游天下网是全球最大的房地产家居网络门户搜房网旗下专门从事房屋日租、短租服务与交易的平台，于 2011 年 9 月正式发布。在这里，房东可以将自有物业进行短期租赁，包括空置的度假别墅、四合院、普通住宅或公寓，都可以在游天下发布并被租出；而作为租客，则在酒店之外，有了性价比更高的短租房选择，大大节省了出行的成本。

作为与游天下合作的旅游地产，业主首先可享受"买房带管家"服务。游天下管家服务采用美国斯凯酒店管理体系，为业主提供国际化、标准化的入户管家服务，实现房屋保养保值、常住常新。其次，业主能实现"买房可托管"，轻松获得房屋托管经营收益。游天下将业主托管的物业按照酒店星级标准进行管理，并凭借成熟的短租平台和专业的市场推广，将房屋进行出租，收益分成。此外，游天下还可让业主达成"买房能交换"的愿望，享受全球自由交换入住。游天下倾力打造国际一流的全球交换度假平台，业主可以通过交换平台，用自己的房子置换游天下国内 360 个目的地、国外超 100 个目的地的房源免费入住，真正实现买一房游天下的梦想。

对旅游地产业来说，游天下五星级一站式的管家、托管及交换度假服务将成为其更加健康、快速发展的有利推手。

四、类互联网酒店管理公司：途家网

在各个短租网站中，途家网一枝独秀，开辟了线上交易和线下托管服务的综合发展模式。作为分享经济的代表，途家从 2011 年 12 月正式上线，已覆盖国内 320 个城市，海外及港台地区 1027 个目的地，房源总量超过 42 万套，签约管理资产超过1000亿元人民币。与HomeAway和Airbnb发展模式不同，除了线上房源的搜索、查询和交易服务外，途家网还提供线下的托管服务，从业主或房地产商手中直接获取房源，统一装修管理，提供规范化的酒店服务，展现了强大的线下资源整合和管理的能力。

鉴于中国人对住宿环境和服务的要求越来越高，之前迅速成长的经济型酒店和性价比较低的三星级酒店很难满足逐渐拔高的住宿需求，途家定位在中高端市场，即填补四星级酒店的空白，并以旅游城市为重点市场，例如杭州、南京、成都这种商务与休闲旅游兼具的地区，向度假休闲尤其是以家庭旅游形式出行的游客提供住宿场所。由于途家网的房源以公寓为主，因此房间较多，家庭出游比较合算。据途家内部数据显示，70%的人选择住在途家是因为家庭出游，差不多有12%的人是情侣度假，10%是朋友聚会，10%是商务出游，因此通过途家入住的游客中将近85%是休闲旅游者。

途家在抢占度假租赁市场中展现出三个重要的优势和能力。首先是控制房源。途家首先与个人业主合作，通过传统"房屋管家"模式，对分散的房产进行管理。但由于寻找分散房源的成本过高，途家开辟了房地产开发商合作的模式。途家与开发商签订独家前期合约，向小区业主提供房屋托管服务。几年来途家已经和包括万科、万达、旅程等在内的国内大部分房地产开发商达成合作，签约800个项目，储备房源达80万套，还有约12 000个项目正在沟通中。其次，完善的线下服务是途家走的第二个差异化道路。与HomeAway和Airbnb不同，为保证良好的用户体验，途家还得担负起完善线下服务的任务。为此，途家选择与美国斯维登（Sweetome）酒店管理体系合作，推行五星级酒店式的服务管理。这种服务包括在SOP（标准操作程序，Standard Operation Procedure）上向五星级酒店看齐，如工作人员要佩戴白手套、穿制服，房间所有的布草要统一，包括纯棉度、床单面料都要统一。最后，途家提供两种服务：管家服务和托管服务。两种服务的共同之处在于，在房屋闲置期间，途家都会有专门的人员进入房间内，对房间进行维护、打扫等管理；但不同的是，管家服务中途家对房屋的使用权限受房主的使用时间所制约，而托管服务，除事先预约的时间外，其他时间段途家均可对该房间进行处置，所获得的房屋租金途家与房主按照约定分成。

途家在构建诚信体系方面也做了大量工作。度假租赁的诚信问题具体表现在：房主不信任第三方，不放心将房子交给他们进行管理；经营者不诚信或系统不完善，导致房客体验不好，入住的房子与图片不一样，导致房客不再信任短租平台。为解决这些问题，途家利用移动互联网技术，反复尝试，初步建立了基于信息对称的信任体系：首先，途家专门建立了房东网站，在上面有每个房源的排期，是否有人租住，房东可以随时看到。其次，通过信息对称加后期服务，取得顾客信任，例如为保证上传网站的照片皆为实景照片且没有经过 PS 处理，途家建立了自己的线下团队来完成图片的拍摄。如果顾客到店后觉得照片和实景展示不一样，只要提出的问题确实存在，途家马上赔付。顾客离开 2 小时内途家呼叫中心会电话回访，并根据回访情况进行处理。最后，凭借即时更新的大数据分享平台，实现信息对称。在顾客端，途家建立了 PC 网站，在 IOS 和 Android 上还有手机客户端。在房主端，途家也专门建立了业主网站。此外，针对后端的房价管理、客人入住、离店、支付，途家还做了自己的系统 VRMS，即管理度假公寓的系统。

（一）途家网概况

作为中国民宅分享的引领者，途家现已覆盖国内 290 个目的地和海外 1025 个目的地，在线房源超过 43 万套，包含公寓、别墅、民宿等住宿产品。2015 年 8 月 3 日，在宣布完成 D 及 D+轮融资后，途家的估值超 10 亿美元，正式进入"独角兽"俱乐部。

途家的产品定位在中高端产品，人群定位在旅游的主流人群，以家庭旅游为主。由于房屋的房间较多，因而家庭出游比较合算，且更容易融入当地的生活。途家参照的是四星级酒店的标准，因此其价格要较经济型酒店贵。

（二）运营模式

途家本质上是一家分散式酒店管理公司，网络不过是其营销和预订平台，房产中介角色是其获取优质房源的手段，它采取兼顾线上交易和线下托管服务的综合发展模式。在线上，途家网提供尽可能完备的旅游地度假公寓的在线搜索、查询和交易服务，游客可以通过途家网站搜索知名旅游城市的度假公寓，在线查询周边情况并成功预订；业主可以利用该平台免费发布房源信息，在线查询房屋状态，实时管理房屋。

在线下，途家网的经营模式更类似于酒店，房源大多须由公司亲自控制，统一装修，统一管理，对房源的质量可以有更好的把握。虽然这种模式复制容易，但是和酒店相比，因其采用托管的方式，没有租赁成本和固定的安防设施，也没有固定的餐饮、保洁等服务成本，资产更轻。途家网的主要收入来自房租分享和托管增值。一方面，途家帮房东打理房子，和房东按一定比例分享房租收入（只有房客入住时，才产生收入分享）；另一方面，途家网有代理客户管理物业的业务，可以通过提供增值服务来获利。

搭建途立方运营平台，针对开发商和购房业主提供优化升级的住宿分享解决方案。通过品牌入驻、管家+自营、交换入住、加盟+联盟、RBO（房东自营）/RBA（代理经营）等模式，帮助合作业主碎片化经营、社会化分享不动产增值。

（三）品牌战略

途家网实施品牌加盟战略。途家目前有自营品牌斯维登，2016年3月18日途家与雅诗阁合资成立了服务公寓品牌"途家盛捷"。与远大住工合资的途远，与上海全筑合作推出的筑途、无忧我房、小螺趣租、途礼等，产品涉及中高端服务公寓、装配式住宅、智能装修、房地产众筹、长租公寓、伴手礼等，这也是途家未来生态系统的雏形。

（四）布局乡村旅游度假领域

途家网携手远大住工投资10亿元，以度假住宅为载体，以"互联网+"为手段，盘活现有乡村闲置资源，打造乡村旅游亮点，倡导优质低价的乡村度假生活新方式，推出途远品牌。途远是中国乡村度假综合服务平台，致力于整合乡村土地与度假资源，创新运营模式，提供低门槛、高品质的乡村旅游度假产品，为美丽乡村建设及乡村度假产业的发展提供可持续、可复制的解决方案，使乡村住宅工业化、建筑产品化、旅游分享化，推进乡村旅游产业的升级改造，同时倡导新式、优质的乡村度假生活方式，传递回归自然的生活理念，关注新农村发展，助力美丽乡村建设。

五、非标住宿服务生态系统平台

"去呼呼"致力于构建非标住宿服务生态系统的互联网平台模式。2015年初，去哪儿网推出新品牌"去呼呼"，主打类 Airbnb 式非标准住宿产品。"去呼呼"的官网上提出，"不论是客栈、民宿、公寓、老洋房还是四合院，不论是时租、日租、周租、月租还是季租，不论是一个人、一对人还是一堆人，在去呼呼都能找到你想要的有意思的房间"。与此同时，"去呼呼"只以平台方式运作，不直接涉足房源运营和管理，在用户与房主之间担任中介角色，为房主提供信息管理工具、智能门锁以及销售平台等服务。

去呼呼是国内"非标准住宿"概念的提出者，亦是非标准住宿市场的开创者。去呼呼认为，作为非标住宿目标用户的新生代年轻旅游者们，他们想要获得的是个性化的住宿体验，而不一定是星级酒店，不一定有高标准且统一的服务水平。一个例证就是，在丽江有故事的客栈通常比星级酒店更吸引用户。基于对这一消费趋势的敏锐洞察，去呼呼从成立初始就致力于通过自有平台以及自主研发的智能门锁等尝试，满足年青一代消费群体个性化的需求。

去呼呼的亮点之一是类 Airbnb 特色住宿模式。去呼呼并没有搜索功能，而是通过个性化筛选，让用户挑选符合自己需求的房间。这里没有千篇一律的标准间，每一间房子都有自己的风格。

亮点之二是去呼呼将引入旅游者在旅行和住宿中所需要的相关服务商入驻互联网平台，例如引入互联网租车公司、家政服务公司、互联网送餐服务公司等，从而打造一个以提供住宿为核心、为客人提供一站式综合服务的互联网生态系统。

亮点之三是智能门锁改变了开门习惯，也更安全。去呼呼平台上的所有房子都是联网的。一旦房间预订成功，这间房子就被密码锁住，无法重复预订。同时，用智能门锁取代传统钥匙及房卡，让经营者可以通过信息管理后台生成开门密码，到达目的地后不需要去前台办手续，也不再需要反复和入住者沟通到达时间，送钥匙，收钥匙，让消费者入住更顺畅，提高消费者满意度。而消费者也不再需要担心忘带钥匙、丢钥匙、联系不上管理者等问题，若是通过去呼呼 APP 下单，更可直接用 APP 开门。此外，去呼呼的智能门锁和控制器还能检测到房间内是否有人，客人可直接入住。对于房间的温度、湿度和燃气使用、PM2.5 浓度更能随时随地掌握。通过智能门锁等智能住宿系统（见图6-1），去呼呼完成了其构建非标住宿服务生态系统的第一步，抢先一步进入非标准住宿"人工智能"的蓝海。

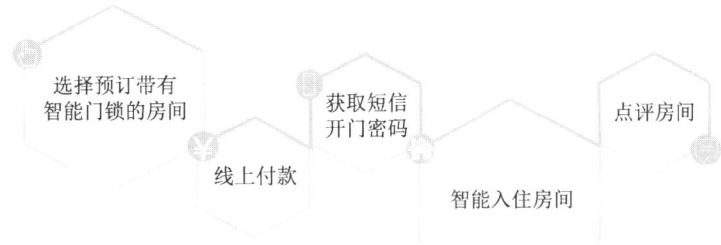

图 6-1　去呼呼智能门锁使用流程示意图

第二节　度假租赁业在中国

住宿需求的不断多样化和个性化发展，以及闲置住房资源亟待得到妥善利用的现实需求，是度假租赁市场发展的主要动力。2011 年，德国著名的山寨大王 Samwer 将 Airbnb 模式复制到中国，建立爱日租网站，开启中国在线短租市场。此后约一年时间里，途家网、小猪短租、蚂蚁短租、木鸟短租、游天下短租网等平台纷纷上线。虽然目前在线的度假租赁平台运营模式基本相同，但各家也在努力走差异化路线。小猪短租更倡导人情味，以房东和房客互动为特点；木鸟短租与去哪儿网建立战略合作伙伴关系，以海景别墅、蒙古包、木屋等特色房源为竞争优势；背靠赶集网的蚂蚁短租，主打家庭牌，以各大城市整租房源为主；相比以上短租网站，游天下通过目的地攻略、问答等，给会员提供更多的服务；途家网则以"自营+平台"的模式实现对优质房源的控制、整合、管理与交易。

一、度假租赁发展格局

（一）市场基础：休闲度假市场的兴起

随着国内旅游需求的不断释放，旅游业得到迅速的发展。在旅游人次不断攀升的同时，人们出游次数也在不断增加，形成许多消费热点，如周边游、深度游、主题乐园、乡村游等，度假休闲市场正逐渐走向成熟，过去走马观花的旅游方式正随着新消费主力的兴起而被替代。所以近年来国内旅游市场也出现了一些新的特征。根据国家旅游局发布的旅行社业调查公报,2011~2015年期间,国内旅游人数大幅增长,但旅行社组织的旅游人次增幅不大,旅行社组织的团队旅游市场在国内旅游市场中的地位在持续下降。游客通过旅行社进入景区的比例已经由2010年的60%~70%下降至2015年的20%~30%。

休闲度假游客比例不断增加。根据中国旅游研究院的居民出游意愿调查结果,休闲游的比例高达46.23%,超过了观光游的31.56%,旅游大众化、休闲化发展趋势更加明显。随着《旅游法》正式实施,以及国务院批准实施《国民旅游休闲纲要（2013—2020年）》,国民休闲旅游体系将得到进一步的完善,国民旅游休闲产品和品质将得到进一步升级。

以80后、90后为代表的新兴消费群体,将带动"体验"和"分享"经济的发展。这部分消费者以寻求新颖独特的旅游或住宿体验为主要的消费动力；同时,能以开放的心态接受存在于不同地域或文化之间的差异性,并积极寻找与当地居民生活方式融合和社交的机会。与传统观光游客相比,新消费群体喜欢深度发掘目的地的旅游资源,并且有多元的旅游需求,包括观光、餐饮、住宿、娱乐等方面独特体验的需求。

（二）政策支持：房屋租赁服务规范化

国务院《关于加快发展生活性服务业促进消费结构升级的指导意见》（以下简称《指导意见》）的出台,意味着在国民经济转型期内生活服务产业成为拉动国民经济增长的重要产业之一。《指导意见》明确提出"推动房地产中介、房屋租赁经营等生活性服务规范化、标准化发展,强化服务民生的基本功能,积极发展短租公寓、长租公寓等满足广大人民群众消费需求的细分业态。"

《指导意见》将引导短租行业向着更加正规、健康的方向发展。具体来说,政策提出简化相关手续,降低行业准入标准,便于民众参与共享经济市场。另外,入市准则的放宽,也有利于更多人参与到短租行业中来,刺激行业发展。与此同时,新住宿方式的发展将会冲击原有酒店住宿市场份额,丰富产品类型,使不同领域的住宿产品更加多样化,影响住宿市场格局。

资金方面,贷款标准的调整为短租企业的发展提供了有力的资金支持,并且降低短租公寓的运营成本。公寓一直沿用的17%营业税及附加纳税或将在新方案出台后下降2%或更低。这将直接降低短租房的经营成本，也降低了参与门槛。《指导意见》还提出"鼓励金融机构拓宽对生活性服务业企业贷款的抵质押品种类和范围"，短租企业向银行等金融机构申请贷款将更加容易，意味着银行将可以为短租企业发展提供更多资金支持，这也同时刺激了短租行业快速发展。

（三）模式创新：线上线下共同发展

中国的度假租赁市场分为三种类型：一是线上，二是线上+线下，三是线下。目前，度假租赁市场已初步实现线上交易平台的构建，并且传统OTA也将利用平台规模优势进入度假租赁市场。现在携程、艺龙等品牌已经意识到短租的力量，开始逐步布局短租房预订业务。虽然大OTA平台有规模和品牌的多重优势，但专营短租及度假租赁的网站与之相比更具有掌握个体、分散、独特房源的能力，比如途家、木鸟短租。现在，由于获取分散的房源资源对于传统OTA成本过大，这些综合性平台集中以品牌化的公寓酒店为主要租赁业务。因此，在短时间内，传统OTA将会与短租及度假租赁网站并存，并以各自的优势获取不同的住宿资源，同时它们之间的竞争也将随各自市场的拓展而不断加剧。

在线下资源不断实现线上交易的同时，未来度假租赁市场的发展重点将转向线下存量资源的整合和品牌化发展，以及基于度假租赁衍生的目的地配套服务产品的发展，如租车、旅游、餐饮、娱乐、商务等。途家的创始人罗军称，"中国的度假租赁行业不能只是走线上，因为房子还没有，我希望线上线下都能做得很好。"如何实现线下住宿资源的创新创意及理性经营都是未来度假租赁行业面临的问题。首先，需要进一步降低行业壁垒，以更开放的态度吸纳不同领域的人才和资源，包括建筑、文化创意、动漫、影视、科技等多个行业；其次，在提升住宿产品的同时以酒店运营的理性经营这些住宿资源，在品牌化、成本控制、销售等方面进行线下努力。

（四）市场细分：生态格局将更加清晰

在度假租赁行业迎来新发展机遇的同时，也面临着激烈的竞争格局，尤其在市场争夺的初期。但随着竞争的逐渐演化，未来多家度假租赁平台将依靠自身优势，集中发展特定市场，重点挖掘适合自身的优质资源，布局细分市场，实行差异化战略。如自身拥有不少整租房源的木鸟短租，着眼于家庭出游的住宿需求，挖掘更多优质房源布局全家游市场；掌握国际客源的 Airbnb 在中国将以在华的境外游客为目标市场，提供具有中国文化特征和适应国际游客住宿习惯的住宿资源；途家则以"线上+线下"模式，集中发展标准化的城市商务和旅游度假市场，并以提供酒店式服务为特色。

随着度假休闲市场的深入发展，个性化需求的不断凸显，以及线下度假租赁产品的不断完善，未来度假租赁的生态格局将更加清晰，细分市场的布局将不断推进，各租赁平台的专营业务将更加明确和具有针对性。未来，线上和线下度假租赁经营者，或根据市场需求和房源特征对行业进行细分。

（五）品牌构建：品牌创造的价值凸显

平台的品牌价值直接决定着房源的销售情况，同时也决定着物业、房地产商和业主未来的合作意向，因此品牌评价及价值对于度假租赁平台来说非常重要。但平台的品牌价值不仅取决于鲜明的品牌标识和个性，更大程度上取决于平台提供的服务质量和体验、处理纠纷的能力、保护客户安全的能力等，以及与之形成的良好口碑传播，这样才能通过品牌的力量带动房源的拓展和销售的提升。

目前，各大平台仍将主要精力放在市场的抢占和商业模式的优化方面，对于品牌的口碑和价值提升投入较少，即平台品牌为住宿产品带来的附加价值还不明显，这会为它们的进一步发展带来影响。一方面，品牌价值较低的国内度假租赁市场会受到国际品牌如 Airbnb 进入的冲击；另一方面，国际品牌可以利用已有的品牌价值迅速扩张市场，挤占现有国内平台份额。

二、度假租赁的区域布局

在线短租平台不仅涵盖国内市场，也正在向海外度假租赁市场发展，业务版图不断扩大，在国内外主要城市及热门旅游目的地进行了布局。

（一）途家

从布局数量来看，途家房源分布较为平均，在各个经济发达城市和旅游城市基本都有布局。从图 6-2 中可以看出，途家房源主要布局在以下 24 个城市，集中在北上广等经济发达地区，以及成都、西安、青岛等重要度假休闲城市。

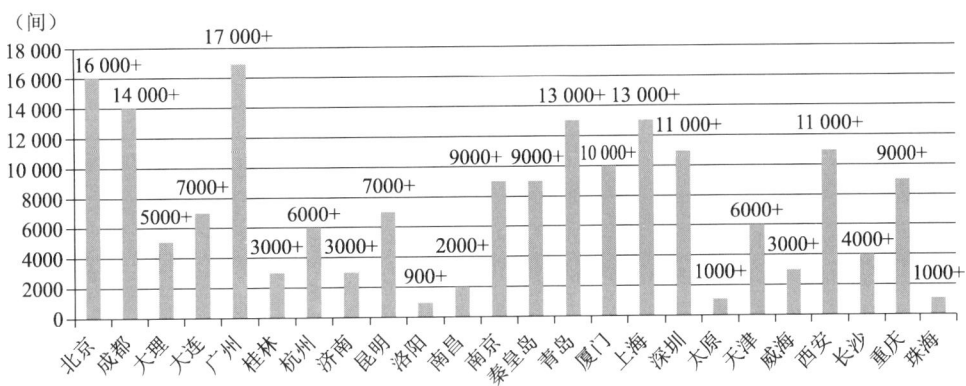

图 6-2 途家房源布局情况

资料来源：根据途家官网相关数据整理得出。

（二）小猪

从图 6-3 可以看出，小猪房源还是不太理想，主要布局在北京、上海、青岛、成都四个旅游城市，其他城市房源量极少。小猪房源总数量不算太多，但是特色房源较多，这与小猪的口号"居住自由主义"不无关系。

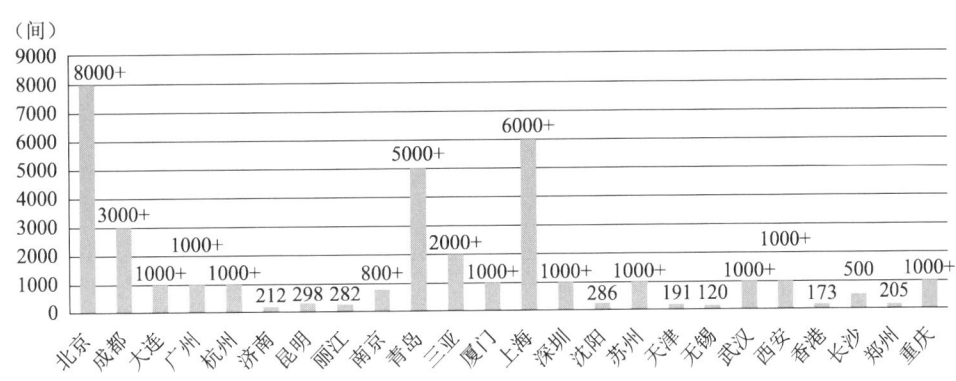

图 6-3 小猪房源布局情况

资料来源：根据小猪官网相关数据整理得出。

（三）游天下

游天下房源布局较为特殊，境内境外均有分布（见图6-4），境内主要分布在北京、成都、广州、重庆等城市，境外房源主要分布在纽约、洛杉矶、马德里、新加坡、巴塞罗那等重点城市。房源类型较为丰富，既有家庭旅馆，也有青年旅社和短租公寓等。

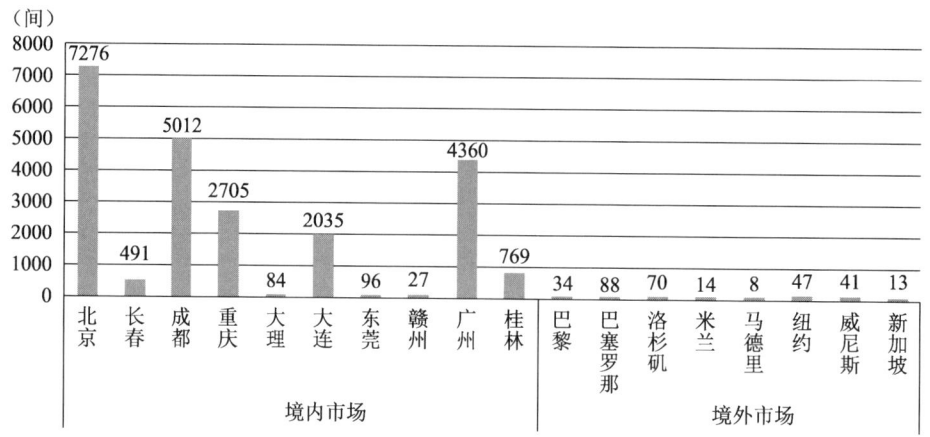

图 6-4 游天下房源布局情况

资料来源：根据游天下官网相关数据整理得出。

（四）木鸟和蚂蚁短租

以城市短租市场为主的木鸟和蚂蚁短租，其业务范围已从一二线城市拓展到三四线城市。木鸟短租已覆盖 50 个城市，蚂蚁短租则已覆盖 80 个城市（见表 6-3、表 6-4）。其中布点较多的仍是北京、上海、广州、成都、南京、重庆、武汉、三亚等重要商业和旅游城市。但蚂蚁短租的经营范围已延伸到徐州、临沂、保定、舟山等三四线城市。

表 6-3 木鸟短租的房源分布

单位：间

城市	房间数	城市	房间数
北京	2077	天津	375
上海	1205	长沙	392
南京	394	无锡	68
成都	1366	昆明	430
广州	781	厦门	1745
重庆	1219	郑州	526
大连	1097	西安	972
武汉	665	青岛	2117
三亚	2550	杭州	401

续表

城市	房间数	城市	房间数
深圳	871	宁波	64
沈阳	687	长春	161
苏州	396	扬州	25
秦皇岛	1551	唐山	25
威海	501	葫芦岛	270
日照	518	泰安	29
烟台	490	贵阳	104
承德	247	桂林	435
北海	523	湘西	806
大理	501	合肥	282
石家庄	326	晋中	327
哈尔滨	820	西宁	116
南昌	97	福州	144
海口	228	保定	51
黄山	526	舟山	330
珠海	135	东莞	3

表 6-4 蚂蚁短租的房源分布

单位：间

城市	房间数	城市	房间数	城市	房间数
北京	10 900+	大连	7800+	长沙	1700+
上海	6800+	武汉	1500+	无锡	100+
南京	1400+	三亚	9100+	昆明	540+
成都	4900+	丽江	520+	济南	1500+
广州	5900+	天津	690+	厦门	3600+
重庆	4400+	香港	1000+	郑州	630+

续表

城市	房间数	城市	房间数	城市	房间数
西安	3800+	唐山	120+	延边	170+
青岛	16 500+	葫芦岛	6600+	温州	15
杭州	1100+	泰安	120+	常州	40
深圳	3500+	贵阳	250+	丹东	530+
沈阳	1900+	桂林	1600+	佛山	71
苏州	950+	合肥	1100+	呼和浩特	52
秦皇岛	11 400+	西宁	520+	银川	47
威海	3700+	保定	54	漳州	25
日照	2300+	舟山	82	中山	27
烟台	3400+	东莞	9	吉林	64
承德	1800+	太原	1100+	营口	4900+
北海	1000+	大同	80	南昌	53
大理	120+	福州	190+	鞍山	25
石家庄	1700+	开封	25	新乡	5
哈尔滨	2500+	兰州	530+	呼伦贝尔	610+
海口	1000+	洛阳	96	徐州	47
黄山	37	南宁	410+	乌鲁木齐	51
珠海	1100+	张家界	77	台湾花莲	10
宁波	58	乐山	84	临沂	33
长春	1400+	潍坊	37	锦州	85
扬州	98	西双版纳	55		

第七章
分享经济在旅游住宿业(二):
度假租赁的商业运营管理

第一节　组织架构

短租（short stay rental）是一种新兴的短期居住方式，它为旅游行业带来了新的住宿形式，打破了住宿服务市场的单一格局，为临时生活在异乡的人们提供了家的温馨感觉。度假租赁是短租的主要市场，目前在学术界，对于度假租赁还没有一个统一的定义，但由于度假租赁发展迅速，一些旅游机构为了适应市场的发展，尝试对度假租赁这一新型商业形态做出定义。在业界比较有影响和权威的定义是美国专业的旅游研究机构 PhoCusWright 给出的定义：私人拥有的住宅以夜、周或月作为出租周期，向以休闲、度假为目的的游客出租。住宅的类型包括了普通家庭住宅、公寓、别墅、服务公寓、小木屋、分时度假单元以及产权式住宅。这些物业可能是由度假租赁企业管理的，在某些情况下，这些物业的产权由度假租赁企业所拥有。在很多情况下，这些物业由私人业主拥有并管理（宣传并出租），而且一般情况下，度假租赁物业不是私人业主的第一住宅。从商业角度来说，只有在度假租赁产生金钱交易的时候，才被认定为度假租赁业务的产生，如果是租给亲朋好友而不产生经济利益，那么这种行为不被认为是度假租赁①。

我国的短租行业发展较晚，而且以在线平台为主。2011 年，国内在线短租平台如雨后春笋般发展起来，主要有住我那、蚂蚁短租、游天下、爱日租、美租网及途家网。根据短租业务的特点，特别是在互联网时代，在线短租是短租业运营的主要平台，这个平台依托国际领先的分散式酒店管理经验和专业服务标准，运用旅游目的地不动产存量及贴心的互联网服务，为游客提供旅游地度假公寓的在线搜索、查询和交易服务。传统酒店是通过 B2C（Business to Customer）模式开展业务，即酒店

---

① 朱慧. 基于价值链理论的中国度假租赁商业模式研究［D］. 华东师范大学，2014.

通过自己的网站或是第三方网站推广自己的房间,游客通过登录相应的网站进行线上预订、支付,线下入住。不同的是,在线短租业务模式是O2O(Online to Offline)模式开展业务。具体而言就是利用短租平台,把旅游目的地闲置的房屋在线发布,游客可以通过网络客户端搜索、预订房屋,在线支付租金,线下进行入住。总而言之,短租平台的核心环节就是在线搜索、预订、支付,线下入住及享受相关服务,而且短租企业主要是提供网络平台,来实现业主与游客之间的供需业务。

根据度假租赁业务的特点,一个按照现代企业制度组建的短租企业除了具有股东大会、董事会、监事会、总裁及副总裁之外,还应包括产品研发部、市场公关部、人力资源部、经营管理部、信息技术部及业务部等。具体组织架构见图7-1。

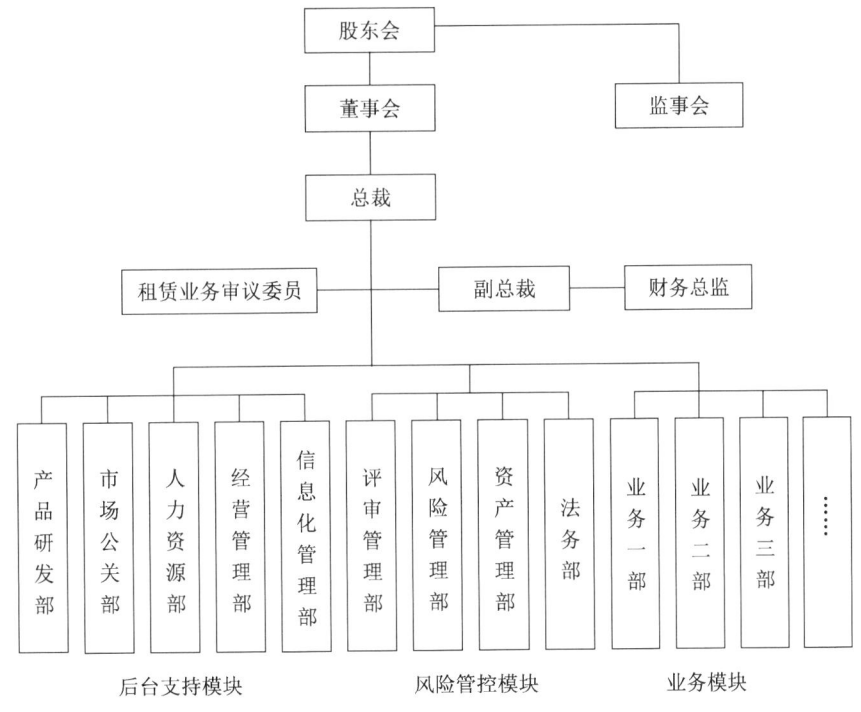

图7-1 度假租赁企业组织结构

由图7-1可以看出,度假租赁企业组织大体可分为三个层级,即决策层(高层)、协调层(中层)和执行层(基层);其中执行层又分为后台支持模块、风险管控模块和业务模块。与传统组织一样,度假租赁企业组织结构需要人力、市场、公关、产品研发等常规部门,但由于这个行业在国内是新兴行业,因此风险管控显得尤为重要。另外，因为度假租赁业务的产品种类较多，所以可以按照不同产品大类的业务差异细分不同的业务部门，如民宿类、别墅类等，这样更便于专业地拓展市场。

第二节 人力资本管理

一、人才来源

度假租赁业是一个新兴的行业，在"分享经济"和"互联网+"的浪潮下，我国的度假租赁业已进入快速发展的阶段。对于这个新兴的产业而言，人才是产业可持续发展的重要基石。由于度假租赁业涉及资本、信息技术、金融、运营与管理、建筑等各方面的人才，涵盖面广，跨界人才又奇缺，所以在人才的选拔和招聘上，首先考虑相关行业有经验的专业人员，招聘与度假租赁业务相关行业的资深专家，组成一个各自在其自身领域非常专业，跨界领域又互相弥补的团队。其次，要注重人才的本土化。本土化的团队能更好地适应本土文化，无论从供给侧还是需求侧，本土化团队更了解度假租赁行业上、下游双方的需求，在沟通和管理方面更具优势。

二、人才培养

由于度假租赁业在国外起步较早，国外关于度假租赁的培训体系也比较健全。国内度假租赁业从业人员，特别是高管层面，应该通过"送出去或请进来"的方式，即送企业高管去国外知名的度假租赁公司参观学习或邀请国外公司的高管来培训，重点学习国外同行的先进管理经验，并结合企业自身的特点对其进行改良，用来指导国内度假租赁业员工的发展，改变员工的思维模式和行为模式。通过培训，使得员工认同企业的经营理念和企业文化，在企业和员工之间形成一种心理契约（psychological contract）。度假租赁行业在我国是一个新兴的行业，对员工进行培训是对其进行的一种人性化投资。从某种程度上来讲，培训也是改善员工与雇主之间心理契约的一种有效途径。

三、考核激励

除了对员工进行培训之外，还要实施有效的激励机制。度假租赁行业实施绩效考核是进行员工激励的有效方法。根据考核和被考核部门的不同，度假租赁行业应构建一个科学的绩效考核指标体系，制定合理的绩效考核指标。首先，对于部门绩效的考核。部门绩效考核应以目标实现、目标成效和年度业绩为主导。例如对于业务部门的考核，应该分别从房源的拓展程度和房源的租赁程度两个方面进行考核。其次，对于中层管理人员的绩效考核。应该实行与中层管理人员所在单位的绩效考评结果相挂钩的原则，另外，还要对中层管理人员进行定期的民主评议，可以运用360度考核法，分别由其下属、其他中层管理人员、主管领导等不同的考核主体对中层管理人员做出客观评价。最后，对于高管的考核。应结合度假租赁行业的特点，主要从企业的整体市场占有份额、利润率等宏观指标进行考核。

第三节　营销模式（4P）

一、度假租赁业的产品（Product）设计

调查显示，从职业分布来看，2015年在线短租用户中，在校学生、销售人员、管理人员的数量占比超五成，其中在校全日制学生占比最大，达到24.37%，销售人员占比达15.37%，管理人员占比达11.76%。从年龄分布来看，以21~35岁的年轻人为主，占比超过80%，其中21~25岁的用户占比最大，接近48%。这主要是因为网络在线客户以年轻人居多，年轻人猎奇心理比较强，接受新鲜事物的意愿也比较强。另外可能与购买力有关，在21~35岁的年轻人中，大学毕业和刚参加工作不久的人积蓄有限，比较喜欢选择短租房屋；对于销售人员而言，选择短租房也可以节约经济成本；管理人员由于经常会到外地出差，相比于单调的酒店客房，他们更愿意选择具有浓厚家居感和体现当地特色的短租房。此外，现在的年轻人越来越追

求个性化，度假租赁业务另外一个吸引人的地方就是房屋空间同标准酒店的差异化。度假租赁也因不同于酒店的个性化特点而博得年轻人的青睐。因此，度假租赁业在产品设计之前首先要对消费者购买倾向的信息进行收集和分析研究，通过问卷、访谈等形式做市场调研，深层次了解潜在目标客户的真实需求。由于度假短租的目标顾客大多是那些崇尚自由、彰显个性的年轻人，因此个性化产品更能吸引目标顾客。另外，产品的差异化使游客有很多想象空间。根据不同目标客户的需求，短租产品可以细分为不同的类别，例如家庭旅馆、民宿、乡村别墅、海景房、主题房、豪华套房、四合院、LOFT、公寓、青年旅馆、窑洞等。不同的房源有不同的消费群体。人数较少的比如两三人结伴出行，青年公寓和旅馆是学生一族的首选；小情侣及新婚夫妇则是海景房、主题房的主要消费群体；家庭出游则青睐于民宿；而对于小公司集体出行包场或同学聚会搞Party，乡村别墅则是不错的场所。

度假租赁业务可以通过对房屋采取不同的装修风格来体现其特色。比如房屋墙壁的颜色、家具的搭配、床的形状等。还可以提供特色服务及相关优惠等措施，形成自己的经营特色及差异化竞争优势。如陕西开展乡村旅游，打造具有浓厚地方农居特色的"陕北窑洞"，融入民俗文化，供游人住宿。除了突出特色之外，标准酒店所提供的必备品，度假租赁也应具备，例如烘干机、消毒机、洗衣机、微波炉、保险柜等。只有不断丰富特色房源、拓宽市场，才能吸引更多的消费群体。

度假租赁企业应根据这些对每个细分市场做相应的区分和归类。归类后的房源应在价格、档次、服务标准等方面拉开距离，同时要对房源的特点有详细的描述，这样既方便租客搜索房源，也有助于房东有针对性地提高服务质量。另外，随着中国软实力和影响力的增强，中国已经成为世界旅游目的地而吸引着国际游客。未来满足这部分游客对于短租的需求，度假租赁企业在产品设计上还应与国际接轨，首先建立几种全球主要语言的网站，比如英文网站、德文网站、意大利语网站等，与之对应的硬件设施包括电源标准、房间的配置等都要充分考虑境外不同游客的需求。

二、度假租赁业的渠道（Place）管理

渠道是目标顾客获取产品信息的重要通道。在互联网时代，短租业务应尽可能

地利用各种推广渠道进行产品推广。数据显示，中国年轻人的移动终端使用率在世界范围内处于领先水平，与之相对应的是中国度假租赁的订单绝大部分来源于移动互联网终端（见图7-2）。由于在移动设备上用APP（移动设备软件）接受信息以及运用APP处理生活中的各种问题已成为中国当代年轻人生活的常态，因而度假租赁的渠道推广也要以移动互联网为主。

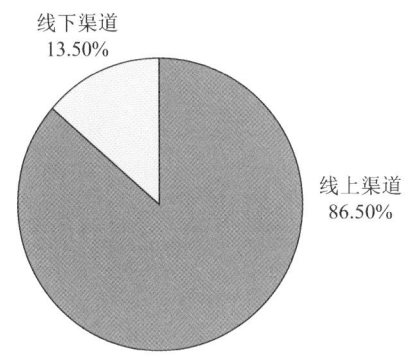

图7-2　2015年中国度假租赁订单来源分布

资料来源：2016年中国在线度假租赁市场研究报告。

通过对目标消费群的准确定位使得度假租赁这样一种新兴的消费形式与新兴的市场营销渠道，即移动互联网终端进行配合，才能够在最短的时间内找到潜在的度假租赁消费群体。充分考虑目标客户的媒体消费习惯，有针对性地利用推广平台。通过互联网、电子商务平台发布自己所掌握的房源信息，充分利用网络、电子商务对资源的整合能力，提高短租信息发布量及搜集量，提高经营及入住效率。可以与人人、腾讯、新浪微博等进行合作，建立账号直接登录，拓宽目标客户的信息获取渠道。还可以利用微博、微信公众号、客户端等新媒体平台进行业务推广。增加移动终端的应用，提供移动手机网页和软件，便于游客通过手机来寻找和咨询假日租赁信息。对于传统渠道也不容小觑，加强与旅行社、房屋中介的合作，扩大短租房适用范围。一般而言，普通住家户的闲置房屋大多数都是通过房屋中介与客户对接的，短租网站作为整体与旅行社、房屋中介合作，为游客、普通租房者提供另一种选择；还可以通过结合PMS系统、预订平台、附加服务、品牌推广的综合模式，扩大适用范围，为资源方提供更多的销售渠道，突破发展瓶颈。

三、度假租赁业的价格（Price）策略

世界旅游组织研究表明，旅游业在人均 GDP 达到 2000 美元时，进入快速发展期；人均 GDP 达到 3000 美元时，进入爆发性增长期；人均 GDP 达到 5000 美元时，则开始进入比较成熟的度假旅游阶段，度假休闲需求和消费能力日趋增强。我国人均 GDP 在 2014 年突破 7500 美元，度假休闲旅游开始成为主流，而且需求呈现多元化的趋势，这给度假租赁行业带来无限商机。针对游客多元化的需求，度假租赁产品种类繁多，涵盖面广，既有青年旅馆、高端民宿，也有豪华别墅、海景房等，所以其房间租赁价格应由产品类别、地理位置、预订时间等方面来共同决定。但价格制定原则就是要合理，在旅游者可接受的范围内制定租金。该租金水平应当能够反映租户得到的价值，如服务价值、地理优势、物业环境等，同时能够体现成本，包括业主要求的租金和提供相关服务的成本，介于长期租赁和星级酒店的报价之间。

四、度假租赁业的促销（Promotion）策略

随着国内旅游热的持续升温，度假租赁行业的竞争也日趋激烈。企业要想在该行业有较好的发展，要通过促销来突出本企业的特色。首先通过行业联盟提升企业知名度。在完全市场经济环境下，任何一个度假租赁企业仅凭一己之力要想成为市场中的常青树已经非常不易。所以度假租赁企业应注重拓展上下游客户资源，构筑行业联盟。通过扩大自己的房源网络及市场网络，与旅行社、房地产开发商、景区等旅游相关产业者合作，建立联盟，构筑统一的网络宣传和销售平台，共同分享价值链，提高企业的知名度，借助知名度提升促销效果。例如蚂蚁短租、Airbnb、途家等知名度假租赁企业经常与户外装备经销商、旅行社、大学校园户外旅游社团、自助游俱乐部等进行行业内资源共享，形成行业联盟进行促销，取得了良好的效果。其次，对于海景房、高端民宿、高级别墅、豪华套房、四合院等精品房源，可以在文艺活动、高级商务活动、影视剧拍摄组中做促销。还可以通过增值包装进行产品促销，例如对以家庭为单位选择入住乡村别墅的休闲旅游者，可以考虑以优惠价为

其提供当地的绿色农产品等。需要注意的是，国内度假租赁企业在促销的同时，所提供服务以及产品的质量一定不能打任何折扣，否则会适得其反。在促销理念上，充分抓住年轻人的猎奇心理，利用"互联网+"和"分享经济"（Share Economy）的概念，宣传度假租赁的理念，更容易激起年轻人的认可和共鸣，进而收到更好的促销效果。

与其他传统行业不同的是，度假租赁业与上下游客户进行完全的互动。消费者使用过后的线上评价对于度假租赁企业而言至关重要。在促销过程中，对于消费者的正面评价进行整理并做成留言本放在相应的房间，一方面可以激发后续入住者继续进行体验评价的动力，另一方面可以更好地对房屋进行宣传。对于消费者提出的宝贵意见也要整理归类，及时传递给线下相应的部门进行改进，并将改进结果反馈给意见（建议）的提出者，同时在线上给予意见（建议）提出者奖励。这样会形成良性互动，增加消费者对度假租赁企业的口碑，提升其知名度和影响力。

第四节　运营绩效

度假租赁在中国发展迅猛，其商业模式多样，盈利方式也各不相同。如 Airbnb 的住宿业类"淘宝"模式，向房东和房客收取交易佣金；HomeAway 的在线 C2C 服务管理模式，以房屋信息展示费、广告费和第三方合作分成获取收入；途家网借助互联网技术整合非标准住宿资源，这类酒店管理公司以房租分享和托管增值为主；去呼呼构建的非标准住宿服务生态系统平台，向个人业主收取平台交易佣金和智能门锁管理费等[①]。从经济学的视角来看，其运营绩效取决于成本和销售额，成本主要是房源成本和运营成本，销售额主要取决于房屋的市场入住价格及入住率。换言之，度假租赁业运营绩效主要取决于上下游两方面的客户。上游客户是指"房源供应商"，让"房源供应商"更愿意为度假租赁提供房源，并且在提供房源的同时确保整个过程安全、便捷、愉快。在一次合作完成后，仍然有进行下一次合作的意愿是度假租赁业良好绩效的保障。下游是指消费者，吸引消费者首次选择入住，经过

---

① 杨宏浩. 度假租赁对旅游住宿业的影响值得关注［N］. 中国旅游报，2015-11-11.

体验使其后续重复购买且进行口碑宣传甚至变成忠诚客户是度假租赁业获取良好绩效的基石。从房源供应来看,房源种类、价格、地理位置等是房源供应质量的核心指标。调查数据显示,中国在线度假租赁房源主要分布在华东和华南地区,在西北和西南地区相对较少(见图7-3)。随着西北、西南热点城市旅游业的发展,度假租赁市场也会相应呈现较大需求,所以度假租赁企业应该抢抓机会,增加西北、西南地区的房源布局,这对提升整体的运营绩效将会有很大的帮助。

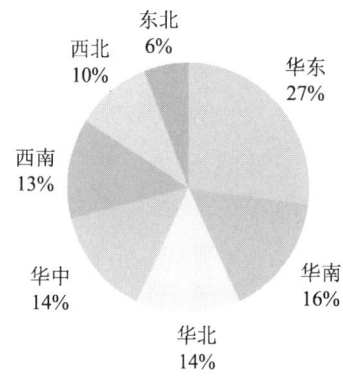

图7-3 2015年中国在线度假租赁房源区域分布

资料来源:艾瑞咨询.2016年中国在线度假租赁市场研究报告。

通过分析现有的几家度假租赁企业,发现其运营绩效(主要是经济效益)在上下游客户既定的条件下主要取决于以下几个方面:

一是业主仅仅借助度假租赁企业网站平台将自己的物业广而告之所需要缴纳的费用。业主为了更好地向游客展示自己房源的特色,在该平台上做宣传,既提升了自己物业的知名度,同时也增加了出租的概率。

二是度假租赁企业收取的受业主委托托管其物业的托管费用。这些业主一般是长期与度假租赁企业进行合作的伙伴,包括个人业主、地产公司、酒店等。

三是度假租赁企业通过向拥有大量度假物业的企业业主有偿提供平台,以大批量宣传其管理或者拥有的度假物业,借此来增加这些物业的知名度和影响力,吸引游客的眼球,提升出租率。

四是度假租赁企业向业主提供物业管理与服务所收取的费用。主要包括日常的维修、维护费用等。

五是增值服务,包括对业主房屋装修风格的设计、游客入住后的系列服务等。这使得整个度假租赁过程中游客有很好的消费体验,最后使其愿意再次选择这一度假租赁企业及该业主的物业。

2014年,我国人均GDP超过7500美元,旅游结构由观光游览转向休闲度假。2015年,我国国内旅游消费总额达到4万亿元,其中休闲度假消费为17 378亿元,占总消费的43.4%;出游人数方面,中国休闲度假出游者从2009年的9.9亿人次上升到2015年的22.8亿人次。据中国移动互联网用户分析报告的数据显示,2015年中国移动互联网用户数达到7.9亿人,与2014年相比增长8.4%。其中,北上广深用户占比10.8%,其他省会城市用户占比37.6%,地级市用户占比15.6%,乡镇农村用户占比24.2%,海外及其他用户占比5.8%。未来3~5年,移动互联网用户规模将继续保持高增长态势。加之由于智慧城市、智慧景区及全域旅游的兴起,与之相对应的中国在线旅游市场交易规模也将持续增长(见图7-4)。随之而来的是旅游市场中游客对于度假租赁的需求也会同步增长。

图7-4　2009—2018年中国在线旅游市场交易规模

资料来源:企业财报、行业公开数据、专家访谈等,根据艾瑞数据统计模型核算。

因此,随着在线旅游市场交易规模的增加,在未来相当长一段时间内,我国度假租赁住房需求总的体量将会持续增加,如果能实现规模化供应,并高效率运作,度假租赁业将会产生良好的运营绩效,这反过来也会促进旅游业更好更快地发展。

第八章
旅游住宿业的投资动向、市场创新与产业诉求

第一节 旅游住宿业投资的全球化布局

2015年以来,我国企业继续加快对外旅游投资的步伐,投资布局的全球化更加明显。据了解,上半年对外旅游投资事件19余起,涉及投资金额超过51.3亿美元,同比增长43%。投资领域除了传统的酒店、景区等行业之外,在线旅游预订平台、旅游航线等增长较快。从空间布局看,除了传统的亚洲、欧洲等地区,北美、澳新和非洲等区域的投资明显增加,我国旅游投资的全球化布局已经初步形成。

一、全球化投资的背景

我国旅游投资的全球化趋势,主要是受到我国旅游消费者、旅游企业等市场主体的全球化发展推动。当前,我国公民出境旅游消费的全球化趋势明显。2014年,我国出境旅游达到1.09亿人次,同比增长13%;2015年上半年,出境旅游6190万人次,比上年同期增长16.0%,未来10年仍然处于高速增长的周期。当前我国出境旅游者已经遍布世界各大洲,其中非洲、南美、大洋洲等新兴远程市场增长较快,市场消费的份额上升,甚至南极洲、北冰洋、远洋邮轮等旅游线路也已经成为市场热点。在出境旅游消费的带动下,我国对外旅游投资也呈现由近到远、由区域到全球、由单一产业跨境合作到全产业链国际化扩张的过程。

与此同时,我国旅游产业和企业自身的发展也推动其对外投资。首先,中国旅游投资正处于"黄金时代",增长势头强劲,大额资本流向大型旅游企业,对外投资水涨船高。据《2014年全国旅游业投资报告》统计,2014年中国旅游业实际完成投资7053亿元,同比增长32%。2015年上半年,全国完成旅游投资3018亿元,同比增长28%，比第三产业投资增速高16个百分点，比全国固定资产投资速度高17个百分点。随着我国经济的全球影响力不断上升，特别是"一带一路"战略的实施，沿线旅游投资布局也成为关注焦点。其次，我国企业在国际竞争中迅速发展壮大，战略性资本运作增多。例如携程旅游集团2014年保持2.43亿元的净利润，主要得益于投资收益。这些企业拥有互联网思维和国际视野，特别是资本力量支持，在国际竞争日趋激烈、旅游领域的并购和直接投资增多的发展背景下，主动开展国际合作和迎接国际竞争，并不断创新商业模式，提升国际竞争力。我国广大旅游市场主体的成长，已经可以取得与国际同行并驾齐驱的地位。例如锦江集团通过海内外一系列并购，已经成为全球最大的酒店集团之一，甚至并购了欧洲最大的经济型酒店集团。去哪儿网访问流量超过国外最大的旅游社区网站，手机APP下载量也超过2亿，超过国外竞争对手。以至于业内流行以下说法，全球旅游市场只有两个，一个是中国市场，另一个是中国外面的市场。2015年，世界经济论坛发布的国际旅游竞争力报告中，我国排名跃升至第17位。最后，企业"走出去"的意愿上升。除了服务消费者和促进企业发展的因素之外，国外经济下行压力也使资产价格相对较低，当地政府欢迎海外投资，资本看好当地旅游市场等也是重要推动因素。正是由于上述原因，我国已经成为国际旅游业重要的消费者，也成为国际旅游业重要的投资者，目前占国际酒店业投资的比例已达10%。

二、对外旅游投资的主体

我国对外旅游投资的主体主要包括以下几种类型：

（1）金融资本。例如银联国际、国家开发银行、兴业银行、安邦保险、北银消费公司、互联网金融公司如支付宝等，它们服务于消费者环球旅行的金融需求，推出银行刷卡、环球旅行卡、个人旅游贷款、旅行支票、互联网支付、旅行签证甚至提供旅行增值服务，例如2014年10月，中国安邦保险斥资近20亿美元收购历史悠久的纽约华尔道夫酒店，引起全球特别是美国社会的强烈关注。此外，金融机构也大力纾解旅游业发展的资金之困。例如中国工商银行行长易会满表示，国内金融机构可以为中国旅游企业"走出去"发挥保驾护航的作用。"我们为旅游业服务成立了专门的团队、形成专门的举措，创新专门的融资产品。截至2015年第一季度，工行对旅游业表里、表外融资总额已经超过3000亿元。比如为锦江国际顺利收购欧洲最大的经济型酒店集团法国卢浮酒店、美国最大的独立酒店管理公司和领先的酒店资产投资者洲际集团都提供了并购顾问和融资服务；也完成了港中旅、华侨城境外债券的发行。"

（2）产业资本。国航、南航、东航、海航不断增加澳新、东非、南非等地旅游线路，并对国外航空公司、机场等开展并购。2015年3月，石基信息宣布，拟以2500万欧元投资奥地利的酒店数字营销公司SnapShot Travel。近年来，复星国际有限公司则收购了地中海俱乐部，并入股托马斯·库克集团；万达以16亿美元收购英国游艇制造商Sunseeker后，又在伦敦黄金地带开发五星级酒店与酒店式公寓；绿地控股集团目前投资酒店逾70个，项目遍布7个国家，拥有各类客房20 000间，酒店资产超过200亿元。

（3）旅游企业。如国旅集团在韩国庆南道投资度假区项目、投资柬埔寨免税店项目；携程旅游集团与国外旅游预订平台合作，收购欧洲的博物馆、艺术馆，开展全球酒店服务评级和认证；港中旅维景酒店公司收购基尤格林酒店集团；锦江国际（集团）有限公司8月收购了法国经济型酒店经营者卢浮酒店集团。

（4）中介机构。例如国内的旅游评价运营商在全球开展"满意中国""欢迎中国"等服务认证项目，并为旅游投资、零售等企业提供合作平台。

（5）企业联合体。主要是各大财团抱团出海，或各类企业合作投资，例如万向集团与凯悦酒店集团合作对美国酒店展开总计10亿美元的投资。此外，中国香港、中国澳门、中国台湾等地的企业也开展类似的投资活动，如2014年6月，香港投资公司开源控股斥资3.45亿欧元买入法国巴黎香榭丽舍大街的唯一一家五星级酒店——万豪酒店。总体来看，对外旅游投资以民营企业为主。

三、对外旅游投资的领域

除了上述的酒店、景区、航线、金融、分销渠道和旅游企业并购等领域以外，主要还有：①旅行社组织的旅游团的消费需求。例如国旅、众信旅游等对外合作和项目投资主要聚焦于满足旅游团行程安排，提供优质服务。②旅游交通服务。如民航投资的旅游线路，各大企业投资海外邮轮、房车等。近日，境外旅行专车服务公司会玩旅行获Pre-A轮2000万元融资，通过与境外连锁车行进行合作和在全球各地招聘司机，会玩想打造一种境外旅行专车的全球模式。③优质旅游资源和酒店资产。一些全球知名旅游资源，如欧洲的城堡、文化馆，希腊、冰岛、韩国济州岛、日本北海道的旅游资源转让和项目开发，受到我国投资者关注。优质酒店资产特别是高端豪华酒店也成为我国投资者的首选，如万达集团以2.6亿欧元收购马德里地标建筑西班牙大厦。在澳大利亚的大型酒店交易中，来自中国的投资则占了60%以上。④旅游专项服务。例如央视、旅游卫视在国外的落地，苏宁投资日本旅游零售业，红马公司推出境外游定制采购，支付宝提供购物退税服务，中国旅游零售大会等专业机构更加面向全球同行。⑤构建环球旅行服务体系和旅游商业生态圈。覆盖当地特色活动、景区门票、当地参团、租车、接送机等主流旅游产品，以及签证、保险、电话上网卡、WIFI等旅游必备的细项产品。例如2015年6月，复星集团收购加拿大太阳马戏团（Cirque de Soleil）25%的股权，从而与其他收购项目一起为我国中产阶层提供出境旅游的整套生活解决方案：住复星的房子，周末去看太阳马戏团的表演，度假选择地中海俱乐部，再为家人买一份复星的保险。此外，投资者也加强了对具有全球旅游运营能力的企业的投资，例如2014年12月2日，光速安振创业投资路路行旅游1000万美元。2015年7月，众信旅游投资澳新运营商"行天下"54%股权。

四、对外旅游投资的发展和变化具有标志性的意义

1979年，我国引进首批外资建设旅游饭店，标志着我国吸引外资、改革开放的开始。2014年，我国企业成功收购地中海俱乐部，也被业界公认为我国投资"走出去"的重要标志之一。当前，旅游投资已经成为对外投资最为活跃的领域之一，也是我国对外经济合作的重要内容之一。随着越来越多的企业将对外旅游投资提升到战略决策层面并推出一系列规划，我国对外旅游投资将在较长一段时期内保持快速增长的势头。2015年我国旅游行业的民营投资总额较上年的300亿美元再翻番，超

过600亿美元。例如2014年以来,万达集团投资25亿英镑在英国展开城市改造项目,主要投资万达拥有智慧财产权的文化旅游类商业地产。万达还在瑞士达沃斯投资兴建酒店,预计2017年完工。按照万达集团的规划,未来8~10年,万达将在境外10个主要城市建立万达酒店,成立万达欧洲,同时进入印度等新兴市场。2015年8月,众信旅游合资设立20亿元投资基金,聚焦于与出境服务相关的上下游产业链标的企业/项目的投资机会,主要投资于出境旅游、商务会奖、游学及留学教育、移民置业、医疗体检、出境及海外金融、保险等领域的优质标的。

我国对外旅游投资的全球化发展,特别是对欧美发达国家的投资,对我国经济发展具有重要意义。①获得境外旅游资源资产、管理经验和专业技术,培养一批具有全球视野的旅游产业人才队伍;②推动企业跨国经营和发展,例如苏宁进军日本旅游零售业等,使我国企业更加广泛深入地参与国际竞争,提升国际竞争力,同时有效带动国内旅游产业转型升级和创新发展;③为我国在新时期开展国际合作、国家外交注入崭新内容,例如中韩旅游年、中印旅游年活动过程中,旅游投资成为双方合作重点;④有利于带动我国旅游消费和投资,如法国PVCP集团与中国海航集团合作,东方航空与达美航空合作,进军中国市场;地中海俱乐部在我国扩大项目投资;中日两国政府鼓励双方旅游企业相互投资。这些投资实践,可以进一步明确我国旅游投资方向和招商引资计划,更好落实国务院《关于进一步促进旅游投资和消费的若干意见》的战略部署。

五、问题和建议

当前我国对外旅游投资也存在不容忽视的问题。例如目的地国家和地区对中文环境改善、银联服务、中文电视频道落地和相关标准等开放不够;目的地政府和社会存在偏见,对我国旅游投资制约较多,例如中坤集团在冰岛、安邦保险在纽约的收购困难重重;单独投资较多,合作投资较少,不利于分散投资风险;主要是企业自发行为,没有形成明确的国家战略和"政府—行业—企业"的交流咨询平台,在主要的国际旅游投资组织例如WTTC中的话语权不足,对现状、趋势和风险缺乏及时了解。例如,欧洲现在对华的签证优惠政策都是有时效性的,并非像中美、中加一样有长达十年的签证互惠。一旦欧洲收紧了对华签证政策,那么赴欧旅游将遭受最直接的打击。此外,也出现了一些失败的案例和投资泡沫。

针对我国旅游投资加快全球化布局的趋势,我们建议:①加强国家在对外旅游投资中的参与、引导和调控等作用,将我国对外旅游投资纳入我国对外投资重要内容。围绕我国国际旅游发展需要,按照旅游业特别是国际旅游发展规律,服务我国全球旅游产业链战略,推动落实《国务院关于进一步促进旅游投资和消费的若干意见》的总体目标,促进中国资本整体增值和经济社会发展。②开展对外旅游投资的专项工作,例如对其进行单列统计,纳入国家战略研究范围;及时调查监测和提前预警,开展效益分析;完善相关专业机构和交流平台。③制定实施我国对外旅游投资的战略规划。以企业为主进行对外旅游投资,加强品牌、技术和新兴旅游业等方面的投资,鼓励战略性投资行为,通过多元化投资方式完善进入与退出机制,防止投资泡沫和估值过高,促进我国招商引资"请进来"战略的实施,将其作为我国外交的重要抓手,等等。

第二节 旅游住宿业的市场变化与产业诉求

在消费需求的推动下,旅游住宿业态不断拓展,形成了目前广义旅游住宿的格局。在资本、技术、创业等力量的推动下,旅游住宿业自发成长,自主创新,并不断实现自主调整。为进一步转型升级、调整创新,旅游住宿企业在营造公平透明商业环境、获取权威的行业统计数据等方面有着较为广泛的产业诉求。鉴于旅游住宿产业的调整和创新是以产业自主摸索为主,政府主管部门要防止在新的历史时期,政府对行业领导力的弱化,协会对成员影响力的边缘化。为此,必须将行业指导对象扩大到旅游住宿业范畴,在此基础上进行产业政策调整和监管服务创新。

一、旅游住宿市场需求的变化

(一)消费需求推动旅游住宿业边界拓展

旅游住宿业正向广义住宿业态演化。从旅游发展之初各政府部门、事业单位、企业的招待所,到1997年国家旅游局推出《旅游涉外饭店星级的划分及评定》后广泛出现的星级酒店,再到满足国民大众不同住宿需求特征的经济型酒店、中档酒店和精品酒店,以及以分享理念为模式的途家等在线度假租赁企业,我国酒店业经历了由相对单一的酒店业态到日益多元、大众化发展的旅游住宿业的发展历程。为满足以散客为主体的旅游者个性化、多样化的住宿需求,旅游住宿业态日益丰富,囊括了乡村酒店、星级酒店、精品酒店、经济型酒店、中档酒店、汽车旅馆、房车、在线度假公寓等不同商业形态。

主流住宿业态经历了从星级标准到品牌标准和非标准住宿的演化。在星级饭店标准制定后的近20年内,星级饭店一直是饭店住宿业的标杆和引领者,为饭店住宿业发展做出了重要贡献。当前游客已经不再只是追求星级饭店的住宿。一方面,旅游市场的变化已经逐渐与国际接轨,不再只是向往星级饭店,特别是高星级饭店;另一方面,高星级饭店的消费已经从早期的公务、商务消费回归到老百姓的日常消费和商务旅行消费。当前除了星级饭店标准之外,旅游住宿业标准的理念、关键条目等方面,品牌标准的影响越来越大,越来越多的消费者选择饭店认品牌而不是星级,饭店企业开始注重塑造品牌,而不是关注星级的评定或保级。饭店的纵向等级划分已经突破星级划分,形成了其他从低到高的等级划分方法。比如客栈和旅舍等社会旅馆、经济型饭店、中端饭店、豪华饭店、奢华饭店,从低到高比星级饭店涵盖范围更为广泛。

经济进入新常态,消费需求趋于细分,住宿业态也更加多元。在商务饭店之外,度假饭店、主题饭店、生活方式饭店、设计师饭店、精品饭店、公寓式饭店、养生饭店等个性化住宿业态也渐成主流,住宿业态更为丰富。消费需求的细分也推动住宿产业边界进一步拓展。家庭旅馆等民宿设施,房车、豪华游船、邮轮等可移动的住宿业态,临时建设便于拆除且不占用建筑面积的帐篷、小木屋、集装箱饭店、蒙古包、零碳馆等非固定住宿业态等,这些非标住宿因其能满足消费者更加多元化的需求,也开始受到消费者的青睐,逐步进入旅游消费者的常态消费圈。此外,度假租赁、短租等互联网分享经济模式的快速兴起,使得空余民房、公寓、别墅等住宿单位纳入旅游者的选择范围,较易转化为旅游住宿空间,为非标住宿业提供了发展平台和机会。于是逐渐形成了星级标准、品牌标准和非标准住宿三种形式并存的广义住宿格局。

（二）消费需求影响旅游行政主管部门的住宿业监管

目前，旅游行政主管部门监管涉及的住宿业态以星级饭店为主，内河游船、温泉企业、旅游度假区为辅；管理手段是通过制定行业标准来引导行业发展和监管服务质量。星级饭店多年来总体规模变动不大，在1.3万家左右浮动。结构变化呈低星级迅速减少、高星级增加较快的态势。2005年一二星饭店数量占比51.7%，2015年这一比例下降到21.7%；客房数占比从33.3%下降到10.3%；营业收入比重2015年只有4.7%。旅游行政主管部门在低端住宿的监管阵地迅速弱化。2014年两个黄金周长假合计，星级饭店接待游客占整体过夜游客的约8%。这既反映了旅游住宿业已远非星级饭店所能覆盖，也反映出民众的选择更加多元化。星级饭店影响力渐弱，旅游行政主管部门监管的住宿业阵地有逐渐缩小的趋势。

二、旅游住宿产业创新及其政策诉求

（一）旅游住宿产业创新

广义旅游住宿业主要在资本、技术、创业的推动下自发成长，自主创新，并不断实现自主调整。

经济型酒店依赖巨大的现实需求、网络规模、会员制、标准化经营、盈利水平和信息技术应用等优势，通过引入风险资本和职业经理人，融入现代信息技术和连锁管理模式，迅速成长为传统产业创新的代表。然而，经济型酒店也面临很多成长中的烦恼，例如：随着物业租赁、运营、人工、原材料等成本费用持续上涨，经济型饭店利润越来越微薄；再加之所提供产品高度标准化，服务千篇一律，同质化竞争严重，导致品牌的溢价空间很小；近年又出现了一系列有毁形象的负面事件等。当前，经济型饭店正以创新重塑形象，通过产品升级、服务流程、组织结构等方面的创新，从高度标准化走向适度特色化，以契合更多消费者的需求。

新兴住宿业态多为与其他业态融合创新的产物。主题精品酒店是酒店与文化创意产业结合，度假租赁业是住宿业与互联网和分享经济的结合体，民宿是旅游住宿与家庭住宅的结合，房车、邮轮和豪华游船则是旅游住宿与交通的融合，健康养生酒店是住宿与医疗、健康产业的融汇。以精品酒店为例，随着消费能力提升，消费意识觉醒，消费观念更新，消费需求分化，消费品位提高，消费层次升级，酒店不仅是一个住宿空间，也成为一个文化创意的展示空间，一个时尚生活的体验空间，这为精品酒店提供了发展的土壤。精品酒店因其文化创意、个性特色，符合潮流，顺应需求，从而应运而生。

从企业来看，全球最大的出租车公司Uber没有一辆自己的车；全球最热门的媒体所有者Facebook没有一名内容制作人；全球市值最高的零售商阿里巴巴没有一件商品库存；全球最大的住宿服务提供者Airbnb没有任何自己的房产。国内也是如此，与之相对应的业态就有滴滴打车、一号专车、微博、微信、途家，而携程、去哪儿则没有一家自己的酒店客房。究其原因，有技术进步和商业模式创新的因素，更与上游资源的供给过剩，以及相关资源的价值再发现有关。据调查，全国已经安装了电表但是几乎不走字的住宅就有6000余万套。在这种情况下，房地产的保值增值需求就会产生一个巨大的市场存量，而分享经济条件下商务休闲旅游者的新型住宿需求则会让创新的企业家发现全新的投资机会。基于资源整合的新酒店时代，与那种拿中心地块、盖豪华酒店、国际品牌进入、政府和国有企业消费的酒店投资模式并存发展。

由此可见，旅游住宿产业自身在适应市场变化，在市场需求推动下，进行行业调整和创新。也就是说，旅游住宿产业的创新是在没有政府指导下自主摸索的结果，因此旅游行政主管部门要提防在新的历史时期，政府对行业领导力的弱化，协会对成员影响力的边缘化。

（二）旅游住宿发展的产业诉求

1. 公平、有序、可预期的发展环境

旅游住宿企业希望政府能够创造一个公平透明、可预期的商业发展环境。我国政府一直在大力推进简政放权，转变政府职能，提高行政审批的效率和公正性，但"最后一公里"还有很大的问题和挑战。例如，饭店行业的行政审批都是下放到基层，区县这一级的公安机关负责特行审批，建委负责的是施工许可证，消防部门审批开业检、开店检等。但审批缺乏统一的标准，不少地方企业没有完全感，期待这些行政审批提高效率和公正性。在饭店开业后，文化、城建、环保、公安等会经常性到饭店执行检查和收取费用,不规范的检查会干扰饭店的日常运营,增加企业负担。饭店希望政府对企业的正常运营减少约束和管制。对于激励机制也应平等对待,一些地方政府出台的鼓励引进饭店品牌和建设饭店的奖励政策中,偏重于国际品牌和国有饭店,对民营饭店和中小饭店集团明显存在不公。

2. 不断创造新需求,扩大市场基础

住宿企业希望新的需求不断被释放出来,市场基础不断扩大。住宿业态的拓展基本都是在消费者需求的推动下自发形成。经济型饭店、中端饭店已经蓬勃发展起来,但企业需要标准,也希望"找到组织"。随着休闲度假的兴起,契合休闲度假旅游需求的住宿单位呈现出结构性不足,需要主管部门对投资进行行业引导。高端饭店领域则因公务支出政策等影响,近年来经营出现较大困难,企业对行业未来发展十分困惑,希望看到主管部门能有一个明确态度,给高端饭店发展一个导向。事实上,高端饭店是现代服务业的龙头,是国家高端服务业实力的具体体现,是旅游强国的重要组成部分,也是实现小康社会建设和消费升级战略所不可或缺的,应当明确指出高端饭店未来发展空间及潜力还很大,但需回归理性,进行转型升级和发展创新。

3. 需要权威的统计数据辅助投资和经营决策

随着广义旅游住宿业理念的形成,原统计数据已不能满足研究和决策需要。目前能找到的旅游住宿业经营数据主要是旅游行政主管部门提供的星级饭店统计数据。但关于全国旅游住宿单位的规模、投资和经营,并没有一套相对完整的或者权威的数据。目前的旅游住宿统计既不能够满足宏观决策的需要,也不能满足微观运营的参考。途家等度假租赁和短租业态只是以房间统计,没有饭店数量的概念,跟以前的统计口径不一样,对传统旅游统计方法提出挑战。在部门管理方面,商务部门管大的住宿业态,星级饭店由旅游部门通过星级标准进行管理,而邮轮、游船、房车属于交通部门在管,实际上呈现多头管理的现状。

4. 解决饭店资源浪费和存量资产流动性问题

住宿业供需存在比较突出的结构性矛盾。一方面,旅游住宿消费需求不断扩大,大量需求没有得到满足,另一方面,饭店住宿资源存在极大浪费。企业希望能解决饭店出租率低、利用率低、资源浪费等问题。分时度假模式、度假租赁模式都是很好的解决之道。同时，我国饭店存量资产巨大，特别是国有饭店资产，一直以来流动性较差，融资能力弱，需要解决饭店资产评估和增加流动性。饭店资产证券化是一个较好的解决方式。但这些都需要相应的政策配套。

第九章
2016年中国酒店业形势分析与展望

第一节 形势分析

一、近两年酒店业和住宿业格局正在快速变革

这两年酒店业和住宿业的格局在发生快速的改变，一个"变"字概括了这两年来很多的现象。这两天大家非常关注的具有戏剧性的事件就是安邦资本现在计划收购喜达屋集团，这次安邦这样的金融资本的介入很多人是没有想到的。虽然目前没有定论，但是在中国金融资本的介入是一个比较新的现象。在美国，一些大的金融资本，喜达屋资本、私募股权基金黑石资本以及养老金等都介入了酒店并购交易。现在安邦资金的介入是一个信号，至少对整个中国的金融资本有一个示范效应，更多的金融资本未来可以进入酒店行业。以前以产业资本投资酒店的格局可能会发生变化。

二、中国酒店品牌正在成为世界性酒店品牌

中国目前有很多酒店品牌，确实有很多品牌做得不错，在世界范围内规模上排进前10没问题，中国酒店品牌将形成世界性的酒店品牌。互联网的技术正重构酒店业的格局。互联网前几年通过OTA的形式，通过销售、营销渠道影响整个酒店行业；近年来，整个互联网技术对酒店业直接造成了冲击。在国内，途家等度假租赁业态在改变整个行业的格局，通过在线租赁平台把大量的、分散的、闲置的住宿空间在互联网平台上整合起来。而且经过整合，它们的规模现在已经对整个酒店业形成了影响。可以看到最明显的是Airbnb，客房数超过了最大的酒店集团，Airbnb在

客房数量上排第一，而酒店集团是已经经过了很多年发展的，可以看出互联网对酒店业的影响非常之大。另外，它对整个酒店业的商业模式进行了再造，现在类似的模式很多，各有各的特色。

第二节　前景展望

一、住宿业形态演化更加多元、更多层次

住宿业的业态在演化，向着更加多元、更多层次转变，酒店业态也是多个层次的，有灌木丛生的，也有小草，还有苔藓。住宿业业态多样化的影响因素非常多，住宿业态的演化还可以从另外的角度来分析，住宿业的业态标准经过了星级标准到品牌标准再到非标住宿。星级标准现在仍然存在，但是因为它大概5年修订一次，很多方面不能满足酒店行业的发展需要，慢慢地势弱，边缘化。10年前左右开始，品牌标准取代星级标准，占据了上风。中档酒店更多称为精选服务酒店，提供更加适合个人需要的服务，高档酒店，全面服务的酒店，都代表着很多品牌的标准。就像一个高校，中国的高校有一类线、二类线，还有重点线，三类。我们划分的类就相当于星级标准，是最低的标准。早期的时候，很多酒店按最低标准建，很多三星、四星、五星都是雷同的，但是品牌标准，就像在一类线里面有北大、清华，每个大学都有自己的特色和标准，这就相当于一个品牌酒店。但是，消费者的需求非常多元化，就像大学一样，光是这样的大学可能满足不了需求，慢慢地又出现了一些专科的学校，或者是专项类的学校，现在又出现了一些职业类的学校，更加满足我们的需求。非标住宿也是类似的，精品酒店满足很多人对文化和品位的需求，所以出现了精品酒店，慢慢又出现了民俗和客栈之类的，满足在价格敏感性上的需求，很多这类酒店的格调不低，价格也不是很高。很多住宿空间或者是住宿的机构，因为它们比较分散，现在出现了度假租赁或者是以互联网技术做平台的公司把它们整合起来，于是Airbnb、途家等这些短租业态都出现了。

这也说明了现在度假租赁业对酒店住宿的影响我们已经真切地感受到了，有的

是感受到威胁，有的是感受到机会。凯悦收购了一家比较高端的度假租赁公司。前不久，雅高酒店也收购了两家类似的公司。我们对业态趋势的判断也可以从国际上一些大的并购来看，列举一下近几年比较有影响的并购，里面有几个类型是比较常见的。一类就是目的地类型的度假酒店，比如说一价全包，凯悦收购的一家也是一价全包。还有度假类的，相当于一地全包，比如说万豪收购的一家，对度假和商务方面的需求都照顾得非常全面，在一个地方所有的服务都具备了叫一地全包，不一定是一价全包，有一定的区别。还有精品酒店的收购，另外是在线的租赁服务的收购，这和前面提到的大的业态变化、大的趋势相吻合。

1. 住宿业和酒店业发展模式的选择非常多

现在很多酒店集团在从重资产模式转向轻资产模式，国际国内都是如此，在向这个方向转变。从内生型的模式向外延式的模式扩大，近两年出现了国际上的并购，国内的并购也在开始，并购中档酒店，高档酒店将来也会慢慢开始。还有一种是通过建立联盟的方式进行快速发展。

2. 住宿业和酒店业运营模式的选择非常多

从运营模式上看，有最近比较新的第三方管理模式。锦江收购的这个品牌在国内水土不服，发展得比较慢，但是慢慢地土壤在具备，因为第三方管理模式有三方，一个是业主，一个是品牌，还有一个是第三方管理公司。现在第三方管理公司管理品牌，也没物业，有的是具有丰富管理经验的人才，这样的人才国际国内的酒店都培养了很多，把这样的人吸纳过来是可以管理好这样的酒店的。现在很多人还是认为要交给一个大的酒店管理公司，但未来会发生变化。第二类是度假租赁的运营管理模式，有很多类型，有的是平台提供咨询，有的是一个平台进行大数据管理和挖掘，再一个是像途家这样的，已经相当于一个通过互联网平台来进行管理的酒店管理公司。还有比较新的就是软品牌，在国外，已经比较成熟了，而且现在大的酒店集团都纷纷推出自己的软品牌，软品牌在短时间内可以增加到几十家上百家，它是介于单品酒店和品牌酒店之间的。对软品牌来说，如果你有一家单品酒店，不想加入酒店品牌管理公司，因为他要进行装修，很多改进，服务人员要按照他们的培训，而且业主失去了很多的自由，软品牌只需要加入系统，这个系统可能只是渠道，也可能会提供一些经验，加入后不需要对酒店的物业有一个最基本的标准，但是会有一个最基本的门槛，不会让你按照我的标准进行改造或进行培训，是介于两者之间的，发展非常的快。

3. 金融投资的模式也在变化

在国外，比较成熟的是分时度假，也是现在的共享经济、分享解决的一种，只是他们分享的是我们大量闲置的酒店客房。度假租赁更多是共享民间的闲置住宿空间。还有不动产投资基金，国内有几家已经在尝试了，开元和香港的一家公司都有尝试。还有金茂集团，单是金茂大厦这一家，资产大概有200亿元左右，陆家嘴的可能要200亿元，利润相当于5亿元左右。在采取新的模式时，要根据情况，特别是REITs的模式中国是很难实施的，税收降不下来，但是在美国、日本、新加坡很多是采取REITs的模式。融资租赁，酒店里大的设备可以采用这种模式，公司可以根据自己的需求选择。

二、酒店和住宿业的规模、贡献和业绩被低估

2008年，具一定规模的住宿业机构数量是5.6万家，客房比较多，到目前估计要翻一倍。还有很多不具规模的，OTA的网站上至少有32万家，有的说有70万家，规模是非常大的，目前统计的星级酒店1.3万家是远远不够的。

另外，多年来每年新开工的住宿项目都是4000~6000个，这几年累计下来的增长速度非常快，但是没有纳入在绩效方面的统计里。住宿业投资的数额，从2009年达上千亿元，到2013年已经达到3000多亿元，到2014年速度慢慢地降下来了。未来国家旅游局正在建一个国家数据中心，将会对这方面加强统计。

每个业态数量聚集得多与少，我们对星级酒店统计得比较多，而经济型的、精品的统计尚不清楚。饭店业绩效可能不是那么差，很多人一说到酒店都用星级酒店的绩效来说，其实星级酒店的绩效并不能代表整个住宿业。单就星级酒店而言也并不是那么悲观，整体是逐渐抬高的，应该说形势在逐渐地好转，可能我们也逐渐地适应了转型，逐渐地走向好转。

另外，平均出租率是周期性的、月度的数据，周期性地有增长、有降低，春节的时候住宿率比较低。但是可以看到2013—2015年也在逐渐地抬高。房价的同比增

长率整体中心上移,上海这几年的数字比 2011 年、2012 年都好,业绩并不那么悲观。

人口红利带给中国的发展潜力。中产阶层的壮大确实非常快,目前,中国中产阶层的数量已经是美国整个人口的总和,7 年后再翻一倍,大概是 5 亿左右,他们对中高端酒店、精品酒店会有很大的需求。再就是农村的需求,早一代的农民出来打工不会住酒店,在北京可能会住地下室,但是新一代农民已经开始住经济型酒店以及中档酒店,很多人拎着麻袋也会去住酒店,需求慢慢地也上来了。还有 70 后、80 后的群体,这一代的经济实力目前比较雄厚,特别是中高端以上的,应该抓这个层次的消费群体。还有一个是低收入群体,毕竟经济实力有限,可能中高端偶尔住一下,更多还是看 70 后、80 后,一段时间后他们也会成为消费主体。

酒店业贡献被低估:对税收、就业的贡献;对服务业的引领和示范效应;培养人才,输出人才的贡献;提升城市、区域、目的地形象,改善投资环境的贡献;提升地产项目价值的贡献等,这些都应该综合测量。

三、品牌塑造:需要精益求精的工匠精神

目前,国家提出制造业需要工匠精神。其实,服务业、酒店品牌的塑造也需要精益求精的工匠精神。很多人对民族品牌不看好,其实不是想象的那么弱,国际品牌也不是那么强的,也有弱点。

从国内酒店品牌分布来看,出现了很多精品酒店,很多是国内和国外酒店品牌合作的。为什么我们说国际品牌不是完全能够包达天下的,有一些酒店在一线城市的绩效不错,二线靠前的可以,二线靠后,三四线城市都是往下走的,2011 年我们做饭店报告的时候专门对 1000 家酒店的统计。国际的五星级酒店在一线城市优势还是比较明显的,从平均房价、平均出租率、接待境外游客的比重来看都是比较有优势的,但是在二线城市的优势明显下降。四星级国际酒店可以看到基本和国内酒店打平手。不管在一线城市还是二线城市,确实高端品牌非常有优势,这也是目前其在中档品牌的层面跟国内合作都是主动出击的原因,这是

精品酒店。

万豪刚刚和东程酒店合作，进入国内的时候为什么一定要采取合作？还有希尔顿和雅高酒店。它们在三四线城市经营也不太好。因为万枫的品牌是采用特许经营的模式，万豪每家酒店的特许经营费是27万美元。如果进入国内采取特许经营的模式，一家赚几十万元，投入大量的人力、财力不值得，合作的话可以把品牌推出去，也可以拿到该赚的钱。

本土品牌培育：酒店集团要精雕细琢，精益求精，尽善尽美，戒急戒躁；地方政府和开发商要破除迷信，合适的就是最好的，政府要调整激励政策；消费者要调整崇洋媚外心态，媒体要做导向；人力资源要有保障，"人"是住宿业供给侧改革的核心元素之一，薪酬、福利和激励都要有所改变。

四、"互联网+"战略：重塑酒店产业链

我们要积极拥抱互联网，但是它不能改变酒店根本的东西，因为不可能睡在互联网上。为什么说重塑整个酒店产业？在开发建设上，现在用大数据进行选址，用众筹让公众参与设计，在市场营销方面有很大的改变。雅高酒店前不久将平台向市场进行开放，让酒店入驻它的平台，让会员以及其他的消费者预订，市场的面扩大了，平台也扩大了。

然后是运营管理和商业模式。商业模式上有一点必须要说的，去年，有一些酒店集团推出了免费住酒店的模式，但这个模式是否要大规模地推广是值得商榷的。因为免费的是客房，是对核心产品进行免费，这个产品的成本比较高，不像互联网上的影视、信息，边际成本很低，酒店成本很高，而视觉频率很低，这几方面决定了采取这种模式存在一定的问题。当然，像台湾有一家酒店，目前也打出免费的口号，但是可以看到它的免费住宿是不免费的，是把外围的产品进行免费，吸引人流，这种模式可能相对好一些。

第三节 旅游住宿产业发展的政策建议

一、出台促进旅游住宿业发展的政策

首先，针对旅游住宿业的发展，应以促进产业创新和产业结构调整为导向，出台统一的产业政策。例如，旅游主管部门可联合商务部、发改委、公安部等部门联合出台《促进旅游住宿业发展的意见》。商务部门有《住宿业管理条例》，卫生、商务部门等出台了《住宿业卫生规范》，旅游行政主管部门可考虑出台《旅游住宿业管理条例》。

其次，对涉及旅游住宿业发展的相关政策，旅游行政主管部门应积极通过各种途径与相关部门沟通协调，逐步消除旅游住宿企业的经营性障碍。如推进旅游住宿企业与工业企业水电同价，银行手续费应与商业企业同价，并探索撤销公安部门对旅游住宿业的特殊行业管理，为旅游住宿业的健康发展创造一个更加公平合理的经营环境。要关注支持中小旅游住宿企业的成长，主管部门应积极组织中小旅游住宿企业争取融资、财政、税收、人力资源培训以及市场开发等方面的国家政策支持。

再次，旅游行政主管部门应制定旅游住宿产业发展规划，引导整个产业的发展走向、空间布局和结构调整；积极推动分时度假、酒店业资产证券化等相关法规的起草和制定，以提高住宿设施的利用率和存量资产流动性。

最后，进行管理机构改革，可考虑大住宿业管理的可行性，采取一业一部门主管。目前，国家旅游局饭店管理处主要对星级饭店和内河游船进行管理，商务部服务贸易和商贸服务业司对住宿业实施行业管理，两个机构管理职能存在重叠。为便于住宿业的统一管理，建议国家将商务部服贸司和国家旅游局等住宿业监管职能交叉的行业管理职能归口到旅游部门统一进行管理。

二、形成准入和运营并重的监管体系

对于旅游住宿企业建设审批、开业运营过程中涉及的多部门审批事项，应该确定牵头部门统一负责，其他部门只在其中专项管理。

旅游行政主管部门应快速适应旅游住宿业形势变化，否则就会失去对其监管和调控；旅游住宿业是旅游产业的重要组成部分，必须给予高度重视，在此基础上进行战略创新和产业政策调整。

首先，加强旅游住宿行业数据调查统计工作。通过行业数据为旅游住宿业发展提供参考和指导。旅游住宿业统计范围不应局限于星级酒店，覆盖范围逐步扩大到更多住宿业态；增加数据指标，如纳入投资、RevPAR、利润率等指标；在目前统计的50个旅游城市基础上，扩大到更多城市，并对城市数据进行细化，如细分出主要城市各星级酒店的运营绩效，以为投资者和经营者提供更有针对性的指导。若有可能，未来对住宿业的统计数据应最大程度向社会开放。

其次，旅游住宿业标准需要进一步修订和细化。现行星级饭店标准已经执行5年，需要与时俱进适时启动修订工作。同时，住宿行业对标准细分化需求强烈，企业呼吁尽快建立完善经济型饭店标准，以及主题酒店、度假饭店、度假租赁等业态国家标准，引导住宿新业态健康发展。鉴于时有发生的卫生问题对行业形象造成了极大损害，有必要制定住宿企业纺织品和洗涤用品标准。

再次，为旅游住宿业的大众创业、万众创新营造更好的氛围和环境，以拓展小微企业发展空间，帮助大企业实现转型升级；在保护住宿消费者权益的同时，保护住宿业从业者的利益。

最后，加强住宿业人才队伍建设支持力度，为专业人力资源极为短缺的住宿业提供人才支持。为激励住宿企业提升服务品质，可考虑设立国家旅游住宿质量奖。

三、行业协会改革遵循市场为主的原则，扩大成员类型和服务范围

巩固"一业多会"的发展模式，完善以中国旅游饭店业协会、中国饭店协会和

全国工商联旅游商会饭店分会等全国性的住宿业协会为辅,地方性住宿业协会以及饭店业主联盟等专业性协会为主的行业协会体系。采取"三分离"的原则实施改革,对仍存在政协不分的行业协会实施人事分离、财务分离、办公场所分离,把政府和协会之间的关系简化到服务委托和购买的关系,以增强协会服务行业的能力和提升自身影响力。以中国旅游饭店业协会为例,在与国家旅游局脱钩后,人事任免将由中央国家机关工委执行,未来名称可以不变,但服务内容应做大的改变。例如服务会员应该不局限于星级饭店,民宿、经济型饭店、精品饭店等都可纳入服务范围。

附 录

你也可以不一样

——在"非标准住宿"研讨会上的主题演讲

戴 斌

老话说,"聪明的脑袋不长草",还说"贵人不顶重发"。对老话,我从来都是深信不疑的。比如我的好朋友张泽先生就是这样一个既聪明又富贵的人,要不怎么能够在理工学霸为主的上市公司做到SVP的高度,又带着帮人瞄着"非标准住宿"折腾出一个让人听着就想去呼呼大睡的创业项目来呢?聪明和富贵也就罢了,他还要和别人不一样。5月27日,我点开了微信朋友圈,嚯,这家伙居然从张馨予在戛纳电影节走红毯时的红绿大花棉袄裁下一片套在身上了,还得瑟:这年头不跟着潮一把都不好意思,俺们都是东北银……

东北人就了不起啊?我看与我们安徽人差不多嘛!小时候都是要穿开裆裤的,长大了都是要上学系红领巾的,毕业了也都是要找工作、结婚、生子的,成了老头老太呢,还不是一样买菜、做饭、跳跳广场舞,实在无聊就和小屁孩吹牛自己年轻时是多么多么厉害?这没有什么丢人的,老一辈都是这么过来的啊。马克思他老人家说过,人是社会关系的总和。我们要融入社会,就必须千方百计地找到嵌入群体的可能,最有效的途径就是像多数人那样生活和工作,像多数人那样休闲和旅游。说到旅游,就离不开吃、住、行、游、购、娱诸要素。有意思的是,我们在异国他乡,可以看不一样的风景,体验有差异的生活,唯独住宿这件事上多数人还是愿意选择品牌和星级等标准化产品。个中缘由如果让北京二外饭店管理学院的秦宇教授来说,估计能写一部学术专著或者开一门研究生课程。简单地说呢,夜晚睡眠是人防备力最弱,也是对安全感需求最强烈的时候,标准化的产品则会为我们带来最基本的安全预期。越是在旅游发展的早期,越是商业环境和公共服务欠发达的旅游目的地,人们对标准化的设施和服务的需求越是强烈。20世纪80年代,我国正处于"创汇导向、入境为主"的旅游发展初期阶段,国家旅游局推出了《旅游涉外饭店星级的划分与评定》国家标准，以指导旅游住宿业的建设和管理。那是星级饭店，特别是五星级饭店最为辉煌的时代，无论是外国人、港澳同胞、台湾同胞，还是国内游客，能够入住星级饭店，肯定会感觉既有服务品质的面子，又有安全预期的里子。直到今天，星级饭店还是旅游住宿产业的经典业态，甚至是旅游住宿的代名词。进入21世纪以后，以如家、七天、布丁为代表的非星级、经济型酒店起来了，走的依然是标准和品牌的路子。如同每个人的成长，哪怕是青春期有那么几天叛逆，哪怕"年少的我们曾以为/相爱的人就能够到永远"，最终还不是"如今我们已天各一方/生活得和周围人一样"（李健，《假如爱有天意》）。毕竟，传奇只是别人口中的传说，你所要的不过是暖暖的相守和稳稳的陪伴。

其实，你也可以不一样的。

很多人不是说要活在当下吗？当下正是一个生活方式和价值取向多元化的时代。在基础教育阶段，我们还是要读书的，到了高等教育阶段呢？我们则可以选择在国内读，也可以选择在国外读，还可以选择直接去创业。读完大学，更是可以选择进公务员队伍，可以选择戴个博士帽然后去教书育人或者做研究，可以选择就业直接创造社会财富，还可以跟着张泽同志一起去创业啊。至于生活呢，那种一切靠组织的"单位人"早已经成为历史概念，刚毕业的大学生固然可以因为前台的小姑娘不漂亮就跳槽，已经有了稳定工作的人民教师也会因为"世界这么大，我要去看看"而辞职去旅行，而且"我的行程我做主"。个性的张扬和不一样的选择正在得到前所未有的宽容与理解，君不见，前两天中山大学的漂亮女生都披着彩虹旗参加毕业典礼，校长还给了他们一个Hug（拥抱）吗？

当下还是一个"互联网+"的时代，特别是在旅游领域，互联网最大限度地减少了游客获取信息的成本，让主人与客人之间的联系更为容易。过去我们外出旅行，爸爸妈妈总是谆谆教导说：在家靠父母，出门靠朋友，总之要找到组织。在旅行过程中，旅行社就是我们的组织，导游就是我们的领导。为什么？他们知道得多呗！在信息不对称的环境中，你知道我所不知道的，你就是权威的。而今是小学生都几乎人手一部智能手机的时代，信息的流动变得更加自由、开放而且成本在不断地下降。旅游市场的组织方式，特别是包括住宿在内的异地生活信息的获取方式处于加速变革和重组之中。无论你是标准的，还是非标准的住宿产品，在互联网的阳光普照下，开始变得越来越像玻璃水箱中的金鱼，一切都是透明的，进而是可以预期的。

当下还是一个开放与分享的社会，旅游业态与非旅游业态，商业与民用，社会与市场的边界正在变得越来越模糊。就在今天上午，我在研究院会见了滴滴打车负责商务的高级副总裁。按说我一个研究旅游的教授和出租车、专车有半毛钱关系吗？其实不然，现在每年40亿的国内旅游人次中，散客出行者要占到96%以上。他们中的相当一部分是要通过包括滴滴在内的社会交通完成自己在目的地的空间位移。回到住宿领域，经济社会的发展已经积淀了多样化住宿选择的市场存量，去呼呼的开发团队告诉我，现在全国装了电表却不走字的商品房有6540万套，还不包括农村居民的自有空置房源。这是一个让Airbnb多么羡慕的存量资源，也是一个多么巨大的商机啊！

现在，包括张泽同志和他的团队在内的创业创新者正在为不一样的住宿选择提供商业供给的可能。长期的经济学训练让我坚信，只有可以批量商业化的供给才是最有效的供给。

你，如何才能够不一样呢？

去呼呼给出的路径是理论先行，告诉市场非标准住宿是什么。说到理论，首先得有概念吧。我的同事杨宏浩博士和去呼呼的研发团队尝试着给出了一个初步的概念界定。非标准住宿是有别于传统酒店，由个人业主、房源承租者或商业机构为旅游度假、商务出行及其他居住需求消费者提供的除床、卫浴外，更多个性化设施及服务的住宿选择。包括但不限于客栈、民宿、公寓、精品酒店、度假别墅、小木屋、帐篷、房车、集装箱等。非标准住宿产品具有房源更分散、单点房源量较少、单个房间更有个性化、经营主体多元化、提供个性化设施及服务、相对依赖"互联网+"的特点。其实这已经不是理论推演，而是实践推动的概念了。上周在阿拉善调研的时候，我就在那儿的胡杨林景区看到已经投入商业运营的集装箱小镇，旺季时一个大床间能卖到1500多元。不远的地方还有两节绿皮的卧铺火车车厢，夏秋两季也是一铺难求啊。我现场拍了两张照片微信给了张泽同志，他说原准备做个主席和总理的专列套房呢。我也是火车控，好吧，等你开发出来，一定通知我。

仅有理论和概念只是万里长征走出了第一步，你还得有经得起资本市场和消费市场检验的商业模式。我不知道有多少怀揣创业梦想的年轻人以为会敲开天使投资和风险基金的大门，说一个消费痛点和解决思路的故事就能够融来大笔资金。我只知道聪明和富贵如张泽者，也得花费数载的功夫去做市场调研和产品测试。仅仅是为了解决分散房源的住客安全和特种行业合规的问题，他都几乎成了门锁工程师了。在做去呼呼创业案例研究，还有多次与创业团队正式和非正式交流的过程中，我能够实实在在地触摸到蕴含于其中的商业理性。在这个成功学和心灵鸡汤泛滥的社会里，理性与务实是何等的稀缺，也是何等的有价值。

还得有完善的市场推广方案和产品预订平台。现在介入非标准住宿的创业项目包括但不限于蚂蚁短租、小猪短租、途家、天下、啄木鸟，还有去呼呼，初步算下来也有57万套房源，分布在500多座城市的各个角落，消费者如何找到它们并顺利预订呢？可以通过垂直搜索预订，可以通过OTA和团购等综合平台预订，也可以通过综合搜索、分类和中介网站等营销平台预订，如果愿意的话，消费者通过电话、传真、邮件等传统方式预订也是可以的。从目前情况看，还没有哪一种预订方式居于绝对主导地位，或者说理想的预订模式还有待于在公平的市场竞争中胜出。我想，大的方向应该是基于移动端吧。无论选择哪种预订模式，我都希望同志们在市场导入期精心培育客源，照顾好你的消费者、投资者和加盟商。相对于已经广为市场所接受的标准住宿产品，非标准住宿同时面临如何创新市场业态和市场主体的双重难题。

非标准住宿是一个全新的消费市场、全新的产品概念和全新的商业模式。在多元开放的时代，分享是推动市场创新和产业进步，进而也是增进国民旅游福祉的有效路径。从滴滴打车和Uber的市场创新案例来看，类似去呼呼这样的项目势必会冲击传统的酒店存量及其经营方式，也很有可能会受到一定程度的抵制，现有的法律法规和政府管制将会面临既有市场格局与兼容边际创新的考验。我希望政府和社会各界给予必要的宽容，给张泽和他的小伙伴一些时间，他们会还给"中国梦"一个创业创新的奇迹！

最后，我们还得告诉广大游客，如果你愿意与别人一样的话，标准化的住宿产品仍然是你的消费选项。但我相信，在可以预见的未来，将会有越来越多的年轻人愿意选择与别人不一样。当然，如果你想彻底与别人不一样的话，去呼呼之外的非标准住宿依然可以是你的消费选择。我愿意看到有更多的游客继续选择标准化的酒店，更愿意看到有越来越多的游客去不一样的客房呼呼大睡。

在这个多元、开放和创业创新的时代，你，可以并能够与别人不一样。

给我一个酒店，味蕾绽放，梦里花开

——在维也纳酒店全球峰会上的主题演讲

戴 斌

尊敬的维也纳酒店集团黄德满董事长，

女士们，先生们，

下午好！

20世纪80年代至90年代末期，随着入境旅游的发展和对外开放的扩大，国际知名的酒店品牌逐渐进入了中国市场。回过头来看，这些品牌最大的贡献是让住习惯了招待所的国人第一次有机会当面了解什么是现代意义上的酒店，包括建筑空间、服务标准和管理模式。与此同时，也把酒店给直接定义了，或者说把旅游住宿业态的外延给变窄了。一说酒店，就是星级酒店，就是五星级酒店，就是顶级奢华的世界品牌酒店。几千年来，我们都生活在一个向上看、横向比的社会，"楚王好细腰，宫中多饿死"，结果就是各地争相建设奢华和高端酒店。五星级都不够解渴，还要整出个七星级、八星级方显得够面子。投资决策往往不是从消费需求出发，而是以奢华——或者说投资者和管理者自以为是的奢华为导向。尽管一直都有"谨防酒店投资的非理性"的声音，但是在"买单经济"和"面子工程"的驱动下，酒店建设还是一路高歌猛进，直到"八项规定"的新政出台，算是给这个造星运动踩了个刹车。

1999年第一个国庆节七天长假以后，国民旅游休闲起来了。加上经济高速增长过程中商务差旅的活跃，包括酒店在内的旅游住宿业的市场基础开始由入境消费逐渐转向境内消费。2009年，国民出游率首次突破2次。在此基础上，我们做出了大众旅游初级阶段的判断。市场经济的发展推动了来自民间的投资和商业活动的兴起，国民大众的旅游住宿需求与创新企业家精神耦合的结果，是旅游住宿领域进入了市场化意义上的创业创新进程。进入 21 世纪以来，以如家、七天、汉庭、锦江之星为代表的经济型酒店品牌在取得自身商业成功的同时，也从市场演化的角度对旅游住宿业进行了再定义。一批真正具有市场意识和商业创新能力的企业家直面老百姓出行的核心诉求，而不是既有的标准，对那些超前的需求，或者说基础客户无力，也无心消费的项目做了大胆的切割，甚至直接打出了"天天睡个好觉"的口号。由于适应了最大多数的国民休闲和商务差旅的现实要求，直到今天，包括维也纳三好酒店在内的经济型酒店依然是大多数国民出行的住宿首选。

作为行业的观察者和市场主体的同行者，我注意到了三公消费的下降，也注意到了大众旅游者和工商阶层的兴起正在重构旅游住宿产业的市场基础。2014 年，中国的境内旅游共有 36.4 亿人次，消费支出 3.1 万亿元，分别比上一年增长了 11.6% 和 16.7%。2014 年，我国城乡居民人均每次旅游花费 852 元。从结构上看，过夜游客约为 9 亿人次，游客用于住宿的消费为 3700 亿元，用于餐饮的消费为 6200 亿元。还有入境旅游市场，2014 年达到了 511.2 亿美元的消费规模，其中住宿和餐饮消费为 156 亿美元。再加上社会餐饮、会议和本地婚宴等消费，构成了确保中国经济新常态下酒店产业持续发展最为可靠的市场基础。从近两年的宏观数据来看，这个市场是在稳步增长的。从宏观数据来看，市场的增长主要是靠消费人数的增加拉动的，而且消费主体也主要是民营机构和居民的常态化消费，所以尽管我们对量的增长保持信心，但是人均单项、单次消费不可能再回到以前的"人傻、钱多、不在乎"的"好日子"了。这就要求酒店人得从市场观念、商业模式和产业创新等方面逐步适应旅游经济运行，特别是旅游住宿消费市场的新常态。事实终将证明，只有那些与市场基本面相一致的创新发展才可能获得最终的商业成功，并造福国民大众的旅游福祉。

旅游是人民生活水平提高的重要指标。我们也从来没有停止过对自由的向往，没有停止过对包括住宿和餐饮在内的旅游品质的追求。基于大众旅游和国民休闲基本面的判断，可以预期当前和今后一个时期的酒店品牌创设和产品创新依然是围绕游客和行者的核心诉求而展开。但是与经济型酒店时代相比，无论是中端酒店、主题酒店，还是精品酒店，满足这些核心诉求的项目与服务品质都已经与时俱进了。游客之所以选择一家酒店住宿，不仅仅因为它有一个响亮的品牌，还因为它能够让我们在异地的短期生活过程中产生情感的皈依；不仅仅因为它有多大空间的客房，有多么豪华的客用品，更因为它可以有全身心放松的睡眠体验；不仅仅因为它有多么高档的餐饮，更在于它可以让我们吃得健康。事实上，随着80后和90后的年轻人逐渐成为差旅和休闲消费的主流客群，一种更加内省、更加从容，而非外在的、追求他人认同的消费理性正在成型中。相对于资本、技术和商业模式，我更加看重生活方式和消费观念的变化对酒店创新发展的本质影响。

女士们，先生们，

多年前，第一次在深圳实地接触维也纳酒店的时候，感觉这家酒店与想象的酒店有很大不同，比如餐饮比重过大，比如客房里有牌桌，大堂里人来人往的。第一感觉是"这不像是酒店嘛！"可是我也确切地知道，无论它像不像传统意义上的酒店，或者我所熟悉的星级酒店和经济型酒店，从商业绩效和市场声誉来看，维也纳都是成功的。这可以从其持续扩张的成员店数量、远远超过同行的客房出租率、餐饮翻台率和经营毛利率等数据上得到证明。这个看似悖论的现象促使我有意识地观察、分析和研究黄总及他的团队，并试图从理论上回答"维也纳是什么？"

维也纳酒店集团的总部在深圳。这是一个移民城市，更是一个市民化的商业城市，或者说世俗化是城市的文化取向。这里用"世俗"来定义一个城市，以及生长于其上的公司文化基因，我是带着敬意的。数千年以来的传统文化都是重官轻商的，大多数知识分子毕生所追求的也是"学得文武艺，货与帝王家"。就是工商机构，也津津乐道自己的产品是贡品，自己的服务是穿过黄马褂的。至于绝大多数老百姓的需求呢？倒是很少有人提及。结果呢？就是商人阶层依靠官家可以快速累积财富，可以做出供极少数人享受的精品，却很少能够产生可以代际传承的企业品牌，更谈不上能够提升多数人生活品质的产品和服务。深圳从一开始就是个移民城市，率先叫响的口号则是"时间就是金钱"。在效率、财富、商业、创新和市民生活价值观的影响下，在这块土地上成长起来的企业家从出生的那一天起，就是面向市场的，就是竞争的，也是持续创新的。道理很简单，你不为最大多数的老百姓的现实需求而创新，就会失去市场的支撑和商业的动力。我总是固执地认为，相对于为少数的权贵提供奢华的服务，为最大多数的老百姓提供有品质的服务，相对于按照先天的出身把人分等，通过后天的努力而实现包括财富在内的阶层流动，是社会发展进程中的巨大进步!

在衣食住行和教育、医疗等基本生活需求满足以后,旅游开始进入国民消费选项。在发展初期,排浪式、模仿型消费是必然的,包括观光、团队、包价的旅游方式,包括星级酒店的住宿选项,包括以吃饱为主的餐饮方式。随着80后、90后逐渐成为旅游市场的主流人群,他们的价值观和生活方式也开始成为旅游消费需求变迁的主要推动力量。他们不再满足于消费选项的被定义,而是遵从自己的价值观和生活方式去定义旅游,甚至连"旅游"这两个字都要舍弃,而改用"旅行",因为前者会给人"土土的"感觉。他们不再满足于一成不变的经典,而是希望无论是日常生活还是非惯常环境中,都能够体会小清新的时尚,都能够有"大白"那样的业者给予消费者触手可及、小而确切的幸福与温暖。他们还希望既要努力地工作,也要尽可能地享受生活。在移动通信推动的社交媒体时代,这些亚文化群体的价值观的变化很快就会传递到旅游市场上,有效促进酒店、餐饮、旅游、休闲消费的产品创新和一批新型品牌的涌现。

判断一家企业是否令人尊敬不仅要看其领导人是否具有国家级和世界级的视野、胸怀和领导力,不仅要看它的资产、营业额和利润等财务指标,也不仅要看它能否为消费者提供有品质的产品和服务,也要看它的员工能否在企业的成长过程中获得相应的发展,至少能够过上有尊严的生活。这里所说的有尊严的生活包括但不限于高于社会和行业的平均工资水平,不低于法定的福利,利润的分享,成长的空间和创业的机会。说到底,无论是国民财富的增长,还是行者在异地生活所享受的品质,都是千千万万的专业人士和普通员工所创造的。他们有尊严地活着,才能保证数以十亿计的游客,数以百亿计的行者在旅程中享有精致的生活和有品质的服务。

这让我想起了经济学家熊彼特先生说过的一段话,"资本家的成就通常不在于给女王提供丝袜,而是在于通过不懈的努力让工厂的女工都买得起丝袜……资本主义的过程不是巧合,而是通过它的机制逐步提高普通人的生活水平"。在市场化的进程中,全社会也要相应地给予那些为了千千万万的市民而创造财富和品质生活的企业家以应有的尊严,特别是那些面向大众的世俗生活,而不是权贵荣耀的时代精英。

在我的印象中,黄董事长并不是善于表达的人,连新创设的品牌文案似乎也不那么"洋气",就是用睡眠啊,健康啊这样的词,无非就是全心全力地让客人切实地睡好,吃得健康。就是对员工的激励,也没有什么理想、情怀之类的大词,直接就是别墅、豪车,还承诺十年之内要造就300个千万富翁,实现不了的话,就把他自己账户的钱打给他们。也许是听多了太多华丽辞藻的缘故吧,我反而为德满先生的质朴和真诚打动了,并不远千里来到这里站台。事实上,黄董事长和他的维也纳酒店团队不是用言辞,而是用实实在在的行动把我所尊崇的商业思想变成了现实。

女士们,先生们,

我相信黄董事长和他的维也纳团队能够在酒店创业创新的道路上走得更远,在自身获得商业成功的同时,也成为更多年轻人学习的榜样和成长的标杆。在人民网4月10日的第一季度旅游经济形势发布会上,我用"繁荣"二字概括当前旅游经济形势。因为国家旅游发展战略摆位的不断提升,因为国民大众的旅游消费需求的持续增长,更因为包括酒店在内的旅游产业正在成为大众创业、万众创新、品牌创设最为活跃的领域。创业创新需要激情,更需要商业理性,年轻人更需要学习的榜样。

我相信黄董事长和他的维也纳团队能够把"健康美食"的餐饮品牌做得更好,让更多的行者在异国他乡的奔波之后能够味蕾绽放。民以食为天。可是多年以来,国人在吃饱、吃好、吃得有艺术方面下了太多的功夫,相对而言,我们似乎忘记了餐饮也有其科学性的一面,也需要进行工业化的研发。就拿喝汤这件事情来说吧,美国营养学会就调查过超过六万名的样本人群,得出了"经营喝汤者,营养良好"的结论。然而营养学家并没有停留在这个显而易见的结论上,而是在试验、测量、观察和评价的基础上,拿出了"青菜与海鲜搭配的汤,熬制时间不超过半个小时""喝汤时的温度控制在60度以下为宜""喝汤的量以每次一碗,放慢速度为宜"等结论。[①] 无论是居家生活,还是异乡体验,拴住了一个人的胃,也就是拴住了一个人的心啊。

我相信黄董事长和他的维也纳团队能够把"深睡眠"的住宿品牌做得更为精致,让每一位游客都能够在整天的辛劳之后回到这片属于自己的空间,都能够安然入眠,在梦里也可以听到花开的声音。任何时候,满足客人高品质的睡眠需求都是酒店产品的核心。说实话,这个看起来再普通不过的需求要满足起来并不是太容易

---

① 张永慧. 一碗热汤的危机[N]. 生命时报,2015-04-17.

的。不是每个人都可能倒头就睡的。为此,维也纳从客房、床垫、枕头、按摩仪、深眠食谱、有机茶饮、音乐、灯光、精油、隔音等要素,从科学、文化、艺术各方面,无所不用其极,就只是为了睡眠这点儿事。这个世界上,怕就怕"认真"二字。你认真了,我也就睡踏实了。

给我一个酒店,味蕾绽放,梦里花开!

酒店人的信心从何而来?

——在 2016 年中国酒店投资峰会上的开幕演讲

戴　斌

这已经是我连续十二次站在这个讲台,与诸位分享有关酒店产业的年度观察与思考的成果。根据中国的文化传统,十二年为一个小轮回,可以做些阶段性的判断了。

从市场面看,酒店产业的繁荣发展与国民经济增长和大众旅游消费高度相关。不需要太多的定量研究,人们对酒店满足旅游旅行者的住宿需求,拉动投资、就业和经济增长,优化所在区域的商业环境,提升国家和地方形象已经具有了广泛的社会共识。与此同时,我们也要看到整个国家发展的历史进程和宏观经济周期对酒店业的决定性影响。事实上,国家强盛了,经济发展了,旅游休闲进入社会各阶层的日常消费选项,这是酒店产业的市场基础和前提保障。进入 21 世纪以来,中国成为全球第二大经济体,提出小康社会和民族复兴的"中国梦"、倡导"一带一路",以及快速跃升为第一大出境旅游客源国和旅游消费支出国,都对世界旅游经济和酒店产业发展格局产生了深刻影响。下周将在北京召开的首届世界旅游发展大会,各国政府和国际组织的代表团在共商旅游发展新理念,协调旅游发展新政策的同时,也将分享包括酒店在内的旅游发展经验。

从产业面看,自发、持续增长的社会投资增量已经影响了酒店产业的结构性均衡,新一轮的市场创新以房产存量资源再配置为主。改革开放以来的中国酒店投资特别是高等级酒店的投资,大体上有两个高峰期。一是为了适应 20 世纪 80 年代的入境旅游需求，由中国政府主导兴建合资合作酒店，如北京建国饭店、兆龙饭店、广州花园酒店、中国大酒店等；二是伴随着世纪之交国民旅游的兴起，由地方政府推动，房地产企业投资高星级酒店，如万达、绿地、富力、碧桂园等。总体而言，在解决供给短缺的同时，政府与房地产企业合力的酒店投资也有一定程度的非理性因素。从供给驱动角度来说，真正市场化的酒店投资则以如家、七天、汉庭等经济型酒店的发育成长为标志。近年来，中端酒店、民居客栈、精品酒店等业态的导入，特别是途家、去呼呼等共享经济领域中的"独角兽公司"的出现，意味着资本市场更加看好那些整合社会住宿资源的项目，而非传统的直接投资。

酒店与资本的深度融合并不限于锦江、首旅、岭南、开元、如家、七天、汉庭、中青旅山水等酒店资产通过股市而实现证券化的目标，还体现在锦江国际收购法国卢浮、美国洲际，国内的铂涛、维也纳、海航、开元、首旅等酒店集团也涉足了海内外相关资产的并购。方兴未艾的酒店集团横向一体化战略的成功实施，标志着中国正在改变世界酒店产业格局。

从经营管理层面看，酒店运营已经进入主要依靠商业逻辑，而不是个人经验的科学层面。在相当长的时间里，人们对酒店运营的印象都是人力资源密集、内部分工细化、管理主要依靠经理人员的历史经验。现在已经成为显知识的服务流程和技术标准，当初都曾经是国际管理公司的商业机密，也是几代职业经理人的看家本领。经过三十多年的引进、模仿和本土化创新，情况已经发生了根本性的变化。现在运营酒店，特别是运营那些拥有成百上千家成员酒店的企业集团，开始越来越强调专业化的战略规划、投融资、市场推广、会员体系管理、财务审计和人力资源等团队的专业筹划。按照"稀缺的才有价值"的经济规律，那些在资本市场和客源市场提前做了有效布局的公司价值远远大于那些只专注于内部规范的公司。

在酒店商业逻辑演化的进程中，科技应用，尤其是互联网、移动通信和大数据扮演了关键角色。也正是以科技的名义，那些拥有专业学位、穿着打扮显得另类时尚的年轻人，才得以立足于那些拥有数十年从业经验、穿着制服、举止有范儿的"老炮儿"林立的酒店，并一点儿一点儿从后者那里拿走了酒店产业的话语权。

当然，"商业逻辑"和"个人经验"也是各有优势的。大量单体酒店的运营管理仍然依赖个人经验。酒店运营管理也包括市场推广和客源市场的布局。资本运营与运营管理没有高级低级之分，都很重要。年轻人的创意和对新技术的应用与资深职业经理人之间相得益彰，形成互补。高端酒店需要职业经理人，时尚中端酒店、主题精品酒店和精品民宿为年轻人提供了施展才能的舞台，都能展现各自的价值。

在酒店产业的市场、投资、创新和经营等方方面面都出现重大变化的今天，在这些领域的外来因素深刻影响甚至冲击酒店产业的传统模式的今天，甚至在国家经济社会转型发展对酒店产业产生重要的结构性影响的今天，我们对酒店产业的发展仍然充满信心。

我们的自信来源于大众旅游时代人民群众对美好生活的向往。

李克强总理在今年的《政府工作报告》中提出"迎接一个大众旅游的新时代"。从国家旅游局的统计数据看，2015年国内旅游的市场规模已经达到创纪录的40亿人次和3.3万亿元人民币，国民出游率近3次。根据国务院文件，到2020年全面建成小康社会的时候，国民出游率将达到5次，那将是一个超过70亿人次的国民旅游市场，加上数倍于此的旅行市场的增长，我们完全有理由对酒店产业未来5~10年的市场基础持积极乐观的预期。支撑这一乐观预期的理由还包括正在得到落实的大中小学生的研学旅行、放开二胎生育等政策效应。

在旅游与旅行市场规模持续增长的同时，1980年前后出生的这一代人主导的住宿消费需求开始出现升级的迹象。度假旅游者更加注重与家庭成员共享生活品质，那些同时可以容纳老人、成人和儿童的连通套房，就像澳门希尔顿酒店所做的那样，每到周末时间和度假旺季就变得供不应求。休闲旅游者更加注重对目的地生活的体验和社交生活，一些以咖啡、阅读、艺术、轻奢消费和都市休闲为主题的酒店项目，由于带有不同于传统的情感表达，一经推出就被广泛接受。在这方面，岭南5号、维也纳、喆啡、布丁、桔子水晶、亚朵，还有精品酒店联盟的成员酒店，都已经取得了消费市场和资本市场的双重认可。商务旅行者在繁忙的公务之余，更加珍惜自己的身心健康。一些定位于商务细分市场的酒店品牌开始增加健身、瑜伽、晨跑的项目和服务。

我们有理由相信，在消费观念的推动下，酒店正在开启引领时尚生活的新时代。

我们的自信来源于年轻人主导的大众创业、万众创新的持续努力。

在政府大力倡导"大众创业、万众创新"的今天，任何一个不能吸引创业者，特别是年轻创业者进入的产业都是没有前景的。令人欣慰的是，越来越多的创业者开始聚焦于酒店或者说广义的旅游住宿业。

相对于锦江、岭南、铂涛、景域、布丁，以及途家、去呼呼这样已经具备一定实力的市场主体直接从供给侧发力的大型创业项目，更多首次创业者倾向于选择"互联网+酒店"的路径，探索小微型的创业项目，比如胶囊旅馆、民居客栈、汽车旅馆等。事实上，那些在互联网上从事酒店预订和特价销售的项目也可以归属到酒店创业中来。大型化的高端酒店尽管有资本和土地等方面的高门槛，但是创业创新者也可以以设施设备、分项产品和专项服务供应商的身份切入该领域。从网上公开的信息来看，基于云交互的智慧酒店终端、酒店养护4S店、布草洗涤、客房清洁外包，以及围绕酒店实体经济的创意、设计、建筑、财务、审计和法律服务的"酒店+"创业项目，大体上都可以归入这一类型。

特别要提醒各位企业家的是，与酒店有关的创业活动在重点大学开始活跃起来。由南开大学博士生领衔的"带书旅行"项目设计，融住宿、阅读、旅行、社交等年轻人群体的时尚需求于一体，从客户黏性着手，已经赢得了相当的口碑。华东师大的大学生创业项目"书香酒店"，把酒店和书店两种业态融合在一起，获得了华住在上海的两家实体店的支持。据我所知，还有更多的青年学子沿着跨界和共享的方向，持续探索旅游住宿商业创新的无限可能性。他们可能没有具体的从业经验，但是也没什么束缚自己的条条框框，他们有理论、有知识、有逻辑，生在这个大众旅游、大众创业、万众创新的伟大时代，必将拥有无限的未来。

正是这些可能存在失败风险的创业努力，让我在看到酒店业生生不息的创业激情的同时，也相信将会从他们中间产生酒店业的华为、科大讯飞、苹果、特斯特这样伟大的企业，让"革命性的供给自动产生爆发式的需求"在酒店领域成为现实。

我们的自信还来源于全球资本市场、科技进步和教育培训对酒店业的广泛投入，更来源于千千万万的酒店人在"服务为本，客人至上"的价值坚守中所体现出来的"工匠精神"。

未来五到十年的酒店发展，对需求侧充满信心的同时，尚需寻找和发现供给侧的新要素，从而确定整个产业转型升级的新动力。酒店产业需要从将资产总量、就业人数、全员劳动生产率、营业总收入、利润总额、纳税总数等指标与其他行业的对比中证明自己的价值，从业人员需要获得正常收入、福利待遇和发展空间，以保证他们能够有尊严地活着。在土地、资本和人力资源等传统要素投入之外，政府、协会、教育和科研部门需要共同努力，切实提高酒店业的研发（R&D）投入，使其不低于国民经济各部门的平均水平，切实吸引更多有才华的年轻人进入酒店业。国家"十三五"规划和科技、教育、旅游等专项规划，为经济社会发展描绘了清晰的蓝图，也进一步坚定了酒店投资和产业繁荣的信心。

积极乐观的旅游与旅行市场预期，着眼于创业创新和供给侧改革的发展信心，以及由此而来的时代机遇，必将为中国酒店业界的实践所证实，必将为世界酒店业界所共享。

后 记

《中国旅游住宿业发展报告》是中国旅游研究院"旅游经济蓝皮书"等"1+8+X"系列报告的重要组成部分。本报告自2009年以来连续出版,分别为《中国饭店产业发展报告2009》、《中国饭店产业发展报告2010—2011(饭店集团篇)》、《中国饭店产业发展报告2012—2013(发展与创新篇)》、《中国饭店产业发展报告2013—2014(品牌创设与业态拓展)》,自2015年起,本报告将研究对象拓展至广义的旅游饭店业,即旅游住宿业,报告名称改为《中国旅游住宿业发展报告》,并认为旅游住宿业已经从旅游业的重要组成部门逐渐发展成为旅游目的地的中心场所。

从研究内容看,2009年的报告主要是完成产业发展梳理的任务,包括旅游饭店产业历程、需求、供给、运营管理和建议等内容。2010—2011年的报告聚焦饭店集团,包括旅游饭店集团进程和成就、发展战略、运营、机遇、趋势和建议。2012—2013年的报告研究了饭店产业发展与创新的问题,包括旅游饭店业发展环境、绩效、业态创新、模式创新、运营创新、品牌创新、技术应用、资本市场、趋势和建议。2013—2014年的报告研究了饭店产业品牌创设与业态拓展的问题,包括产业转型、星级饭店、经济型饭店、中端饭店、奢华饭店、精品饭店和度假饭店等。2015年的报告将研究对象拓展至旅游住宿业,包括旅游住宿业现状、经济型、中端、高端、精品酒店、度假酒店、租赁共享和房车等。

2015年以来,旅游业的分享经济商业模式发展迅速,2015年中国旅游集团年会将主题定为"开放与共享"。分享经济也是旅游住宿业创新发展的主要方向,中国旅游研究院分别与途家、去呼呼、Airbnb等旅游住宿企业建立战略合作关系,对度假租赁、非标准住宿、出境短租住宿等旅游住宿新业态进行深入研究、专题研讨,取得丰富的研究成果。2015年以来,随着我国经济结构的快速调整,中档酒店也成

后 记
Postscript

为旅游市场的热点和消费者的重要选择，课题组的调查结果也从数据方面证明了这一行业趋势。

《中国旅游住宿业发展报告2016》的编制工作就是在上述背景下进行的。本报告在梳理当前旅游住宿业发展基本情况的基础上，形成度假租赁、中档酒店等两大重点内容，并加上戴斌院长在途家、维也纳、去呼呼等企业密集调研时的演讲稿。

本报告是集体研究成果。李仲广、杨宏浩、苏娜组织全书编写和统稿工作，宋子千研究员提供了第一章内容，唐晓云研究员提供了旅游住宿业景气调查数据，张杨博士后负责第三章，郑维佳博士后负责第五章第二节，陈刚博士后负责第七章。

由于报告编制时间有限，书中难免有错误和不妥之处，敬请广大读者谅解和指正。

编写组

2016年6月1日